科技
改變中國
叢書總主編：倪光南

巨龍飛騰

高鐵改變中國

Fly: High-Speed Railway Changes China

戴榮里 / 著

開明書店

奔跑在創新路上

　　創新是一個國家發展的靈魂，也是我國高鐵發展的法寶。中國高鐵走過了獨特的創新之路，從「引進來」到「走出去」只用了短短數年的時間。目前，我國高鐵總體技術水平已進入世界先進行列，部分領域達到世界領先水平，中國在高鐵領域的研究不斷駛入創新的「無人區」。

　　從詹天佑主持修建的第一條由中國人自主設計施工的鐵路幹線 ── 京張鐵路開始至今，中國鐵路人在自力更生的道路上已奮鬥了百餘年。回顧這一百多年來中國鐵路走過的歷程，我們看到，只有靠自己的雙手才能創造光明的未來。

　　中國鐵路伴隨着中華人民共和國前進的步伐成長。鐵路作為國民經濟的一大命脈，一直以來都受到了國家的高度重視，得到了重點規劃。從中華人民共和國成立到 20 世紀 90 年代初的這幾十年，中國鐵路走過了獨立自主、自力更生的歷程。中國鐵路人艱苦奮鬥、不斷創新，在外國人認為不可能修建鐵路的地方完成了成昆鐵路、寶成鐵路、青藏鐵路一

期工程（西寧至格爾木段）等重大鐵路工程的建設，攻克了複雜地形環境下的橋樑隧道施工、凍土施工、高原施工等世界級難題，創造了人類鐵路建設史上的奇跡，建設了橫貫我國南北、東西的大通道。中國鐵路形成了初具規模的全國鐵路網，有力地推動了我國經濟發展，並為人民出行帶來極大的便利。但改革開放以來，隨着我國經濟發展速度的加快，中國鐵路發展緩慢導致運能低下，逐漸成為制約我國經濟發展的瓶頸。為解決這一問題，在長期自力更生的探索和實踐基礎上，我國推進實施了六次全國鐵路大提速，部分解決了鐵路運能問題，但是受限於當時自身的技術條件，想要短時間內在高鐵技術上取得突破非常困難，引進吸收國外高鐵技術就成為必然。

中國鐵路人從不諱言對國外高鐵技術的引進吸收，但在此基礎上也從未停下自主探索的腳步。從鐵路線下以路基為主的工程過渡到高佔比的高鐵橋隧工程，中國高鐵建設者克服種種困難，利用世界先進的施工技術，攻克了長隧道和大跨度橋樑的施工難題，攻克了不良地質工程的建設難題，即使在濕陷性黃土、凍土地區，也能讓難路變通途。中國高鐵的工程建設，不僅有中華人民共和國成立以來鐵路技術的積累，也有對國外先進施工經驗的借鑒，更有對工程技術難題

的攻關。在動車組製造上，從最初的自主研製到引進國外技術生產再到中國標準動車組的生產，中國動車組逐漸建立起「中國標準」，不再受制於「日標」「歐標」等國外標準。我們有理由相信，中國標準會上升為世界標準，為世界高鐵建設貢獻中國智慧。經過十幾年的高鐵運營，中國高鐵的列車運行控制技術與運營管理日益成熟，為中國高鐵的安全運營打下可靠基礎。所有這些成果都與中國鐵路建設者的努力分不開。鐵路建設者不惜以「犧牲一代人的幸福」為代價，忘我勞動、無私奉獻，以創新之手為中國高鐵贏得了聲譽。

中國高鐵的發展凝聚了中國人的創新智慧，體現了中華人民共和國成立 70 年以來一代又一代鐵路人辛勤的探索和忘我的奉獻。如果説勞動創造美好，那麼創新則帶給中國高鐵嶄新的發展機遇。創新是中國高鐵持續發展的原動力，創新也為中國高鐵走向世界提供了支持。當前，無論是國內高速鐵路網的再度佈局還是世界高鐵的延伸建設，無論是當下高鐵輪軌技術的提升還是對未來磁懸浮技術的應用探討，中國高鐵都面臨着新的選擇。中國高鐵如何在世界領先的基礎上保持強勁的勢頭？唯有不斷創新才能為中國高鐵的發展、為中國高鐵走向世界保駕護航。中國鐵路建設者受益於創新之路，今後也必然會進一步提升創新力，提高系統創新和鐵

路協調創新的耦合度，使中國高鐵成為更美好的交通方式，實現人們優雅「飛翔」的夢想。

中華人民共和國成立以來的 70 年，是中國鐵路快速發展的 70 年，是逐漸積累鐵路技術、培養人才的 70 年，是借鑒各國鐵路發展經驗、不斷推陳出新的 70 年。堅持創新之路，中國高鐵必將擁有一個更美好的未來。

目 錄

第一章　中國高鐵與奧運同行

伴隨着 2008 年北京奧運會的召開，中國高鐵橫空出世。奧林匹克格言精神為高鐵賦予了靈魂，也見證了中國高鐵的發展歷程。中國高鐵在完成艱難的積累之後，鳳凰涅槃，實現了更快、更高、更強的目標。

第二章　遲來的領跑者

中國高鐵在日本高鐵運營 44 年後誕生，但僅僅經過十幾年的時間，就發展到運營里程近四萬公里，穩居世界第一。其間，有方案爭論，有技術積澱，也有發展路徑選擇，但一旦選準路線，中國高鐵就取得了讓世界矚目的成績。

第五章　高鐵改變時空

時空觀是人類認識自己、適應社會的基本觀點。因為運輸工具的改變，導引人類從一種文明過渡到另一種文明，高鐵也是如此。同城化格局，五小時生活圈，知識分子的重新選擇，高鐵沿線經濟帶，縮小的城鄉差距，重新洗牌的產業格局，以及被中國高鐵吸引的外國友人，這一切都體現了高鐵對人們生活狀態的改變。

第六章　高鐵拉動鄉村振興

鄉村振興無疑是未來中國的發展方向。高鐵不僅帶來了人才向鄉村的流動，也帶動了農產品品牌的提升。以客流為主的高鐵一方面釋放了巨大運能，另一方面也為品牌農業、智能化農業、精準扶貧提供了平台，同時對縮小城鄉差距、改變鄉村文化面貌起着巨大的作用。

第七章　未來的中國高鐵

高鐵是人類技術發展史上最直接惠及每一位出行者的交通工具。中國高鐵的發展既受益於中國人奮發圖強的努力，也受益於世界技術進步的成果。中國高鐵為世界高鐵發展提供了新模式，也為世界高鐵奠定了發展基礎。

引子
大地上的「飛翔」

在追求出行方式的道路上，中華民族自古以來就有着各類夢想，哪吒的風火輪、諸葛亮的木牛流馬，無一不代表着古人的智慧和豐富的想像力。但在漫長的歷史演變中，我國長期主要依靠馬車等作為出門遠行的交通工具。1825 年，英國工程師喬治·斯蒂芬森設計的蒸汽機車牽引列車運載 450 名旅客以 24 公里／時的速度從達林頓到斯托克頓，被公認為鐵路運輸業誕生的標誌，開啟了火車造福於人類的歷史新篇章。

但中國鐵路的發展一開始就充滿了與世俗的抗爭。一個有着幾千年文明的古國，正像一頭沉睡的雄獅。代表着工業文明的火車能否喚醒這頭雄獅？在理念的碰撞與文化的交鋒中，英國怡和洋行 1876 年在中國修建的第一條營業性鐵路——上海吳淞鐵路通車。這一外來的交通工具直到 20 世紀初期在中國的大地上才有了一定的規模，而中國人民真正受惠於鐵路則是在中華人民共和國成立之後。

對生活在 20 世紀的人而言，乘坐火車出行是美妙的。車窗外的風景在車窗上一幀幀滑過，對當時的中國人而言，時速只有幾十公里的火車已經可以讓大地「動」起來了。人們乘坐緩緩而行的火車，一路行走一路賞花，一路風景一路歌，車窗外是唯美的，車廂內是溫馨的。

中國的火車以幾乎不變的速度，在中國大地上行駛了幾

十年。在這幾十年裏，時速雖然由最初的二三十公里上升到 20 世紀 80 年代的五六十公里，但依然沒有產生質的提高，大地與火車構成了沉穩、緩慢的節奏。火車的低速度制約了改革開放的步伐，鐵路的運能嚴重影響了中國經濟的發展，火車提速刻不容緩。

在這樣的背景下，鐵道部（2013 年 3 月，鐵道部被撤銷，實行鐵路政企分開。鐵道部擬訂鐵路發展規劃和政策的行政職責劃入交通運輸部，鐵道部的其他行政職責由新組建的國家鐵路局承擔，鐵道部的企業職責由新組建的中國鐵路總公司承擔）在廣深鐵路提速試驗後，終於發出全國鐵路大面積提速的號令，其後的六次全國鐵路大提速讓中國鐵路的運能發生了較大的提升。

正如火車最初走進中國一樣，高鐵走進中國之初，一方面贏得了廣大民眾的歡呼，但另一方面也受到各方面的質疑。一些專家持「超前論」的觀點，認為高鐵不適合在中國大地上「飛翔」，中國高鐵採用輪軌技術還是磁懸浮技術也充滿了爭議……但中國鐵路運能的瓶頸問題僅靠大規模修建一般性鐵路而不進行提速是不可能解決的，既不經濟也不現實。於是，發展高鐵成為中國鐵路在 20 世紀末、21 世紀初的必由之路。

　　所幸，中國鐵路人排除爭議，開始了對中國高鐵建設的忘我實踐，一旦開始，就再沒有停下前進的腳步。中國高鐵正如沖出山坳的溪水，擺脫了思維羈絆，一直行進在不斷創新的路上，時速從二百多公里跨越到三百多公里，運營里程也從最初的一百多公里延伸到幾千公里，再到 2021 年年底的近四萬公里。

　　中國高鐵的發展吸引了國人的眼球，也為世界所矚目。不過，2011 年的「7‧23」甬溫線特別重大鐵路交通事故如一盆涼水澆下來，讓在高鐵熱中狂歡的中國人變得理性起來。中國鐵路人開始靜靜地反思每一處不足，重新審視中國高鐵引進吸收再創新的發展路徑。這一年，成為中國高鐵理性發展的起點，中國高鐵建設的步伐從此更加穩健。直到如今，鐵路人仍然秉持着「少說多幹」的做事原則，即使中國已成為世界上高鐵運營里程遙遙領先的國家，但鐵路人依然保持着低調的風格。

　　高鐵開始在中國大地上「飛翔」，也給中國帶來了巨大的改變。

　　「飛翔」的中國高鐵不僅改變了中國人的出行方式，也為中國經濟插上了騰飛的翅膀。高鐵建設拉動了眾多行業的投入和建材市場的繁榮，也帶動了沿線城市的發展和經濟圈的形

成；高鐵改變了人們的時空觀念，讓城鄉一體化建設步伐加快；高鐵對旅客的快速輸送，大大釋放了既有線路的運能，為中國的經濟發展帶來了活力。

　　高鐵在「飛翔」，中國在騰飛，一切都在悄悄地發生着變化。開往春天的中國高鐵正成為無數中國人喜愛的出行方式。中國高鐵和着時代的節拍，與互聯網時代的韻律一致，與全球一體化的趨勢相應和。中國人在奮鬥之路上，以高鐵之美完善中國的運營版圖。高鐵一次次走進大眾視野，中國大地洋溢着對高鐵的讚美。

魅力四射的京滬高鐵　　　　　　　　　　　　　　　 ／許家安 攝影

　　作為鐵路人，我有幸參與了中國高鐵建設，見證中國高鐵從無到有、從有到強的發展歷程。每當乘坐高鐵，感受着飛速行駛的高鐵的平穩、舒適，我就會對自己所從事的職業充滿自豪感。

　　中國高鐵是中國發展的一個縮影，中國高鐵建設史體現了中國人的智慧和對世界科技文明的借鑒與創新。中國高鐵在中國廣袤的大地上「飛翔」，象徵着雄獅醒來，象徵着偉大的祖國擁有無限的可能性。大地上「飛翔」的高鐵，承載着歷史的重託，承載着現實的希望，承載着對未來的期盼，成為中國走向世界的靚麗名片。

第一章

中國高鐵與奧運同行

　　事實上，世界第一條高鐵就與奧運同行。1964 年 10 月 1 日，日本東京至大阪的東海道新幹線在第 18 屆夏季奧運會即將在東京舉辦之際開通運營，為高鐵與奧運會的聯繫奠定了基礎。

　　2008 年 8 月 8 日，第 29 屆夏季奧運會在中國北京盛大開幕。作為奧運會的主要配套工程項目之一，京津城際鐵路於 2008 年 8 月 1 日正式開通運營，這為中國鐵路增添了新的光彩，也成為展示奧運風采的一個重要舞台和窗口。人們至今仍記得外國遊客乘坐中國高鐵的那份欣喜。中國高鐵與「更快、更高、更強」的奧林匹克格言完美呼應，更快是指速度，更高是指超越，更強則側重於質量。

　　2022 年 2 月 4 日至 2 月 20 日，第 24 屆冬季奧運會在北京市和河北省張家口市舉行。這是中國歷史上第一次舉辦冬季奧運會，也是繼北京奧運會、南京青奧會之後在中國舉辦的又一重要奧運賽事。作為 2022 年北京冬奧會的重要交通保障設施，京張高鐵於 2019 年 12 月 31 日正式開通運營。京張高鐵是國家規劃實施的重點建設項目，是「八縱八橫」通道之一 —— 京蘭通道的東段。它的建設對於加快構建西北地區快速進京客運通道具有重要意義，對增進西北地區與京津冀地區人員的交流往來、促進西北地區與京津冀地區協同發展、成功舉辦 2022 年冬季奧運會發揮了重要作用。

2008 年 8 月 24 日，在北京南站候車的旅客通過候車大廳的大屏幕收看奧
運會閉幕式　　　　　　　　　　　　　　　　　　　　　　／陳濤 攝影

京張高鐵「復興號」動車組設計效果圖　　　　　　　　　　／楊晹 攝影

奧林匹克格言不僅是人類追求的運動精神，也是高鐵追求的內在品質。高鐵建設需要更快的發展速度、更高的管理水平、更強的專業技術。奧運會不僅檢驗一個國家運動員的綜合實力，還能體現一個國家的精神氣質。而高鐵正如奧運會一樣，展示了一個國家政治、科技、經濟、文化等方面的綜合實力。運動員獲獎代表着國家榮譽，高鐵運營同樣是國家形象的最好展示！

高鐵與奧運同行，意味着高鐵與現代文明同行、與時代精神同行、與時尚生活同行。高鐵既是速度的象徵，也是國家能力和意志的體現。

擁有高鐵，意味着擁有領先的科技、繁榮的經濟、融合的文化！

擁有高鐵，意味着擁有便捷的出行、時空的改變、生活的改變！

高鐵是地域的貫通者，是國家脈絡的勾畫者。在昨天和今天之間，高鐵帶來欣喜；在今天和未來之間，高鐵燃起希望。高鐵是品質的象徵，是希望之光。在高鐵的牽引下，中國悄然發生着歷史性轉變……

第一節　哪條線是中國第一條設計時速 350 公里的高鐵？

高鐵是高速鐵路的簡稱，指的是路或「路＋車」這一系統整體。我國把設計開行時速 250 公里以上（含預留），初期運營時速 200 公里以上的客運列車專線鐵路稱為高鐵。國家發展改革委將部分時速 200 公里的軌道線路納入中國高速鐵路網範疇。需注意的是，「高鐵」同時被普通民眾和中國國家鐵路集團有限公司旗下的火車票購票系統（12306 網）代指中國高速動車組旅客列車（G 字頭車次）。

聰明的讀者也許早就猜出來我國第一條設計時速 350 公里的高鐵（如無特殊說明，全書統計數據未含港澳台的數據）是哪條了。對，它就是京津城際鐵路！

京津城際鐵路，是一條連接北京市與天津市的城際鐵路，是我國第一條高標準、設計時速 350 公里的高鐵。京津城際鐵路全長 120 公里，全線共設五個車站，其中北京南站和天津站為端點站，亦莊站、永樂站和武清站為中間站，2005 年 7 月 4 日正式動工，2008 年 8 月 1 日正式開通運營。2009 年，京津城際鐵路工程獲得火車頭優質工程獎和詹天佑土木工程大獎；2010 年，京津城際鐵路工程被評為中華人民共和國成立 60 周年「百項經典建設工程」；2013 年 1 月，京津城際鐵路工程獲得中國國家科技進步一等獎。

京津城際鐵路試驗列車行駛在北京永定門橋　　　／原瑞倫 攝影

1. 京津城際鐵路的探索與突破

當中國高鐵發展到 2018 年年底近三萬公里的運營里程時，這條只有 120 公里的線路，其最初的開拓性意義讓後來的鐵路建設者無限感慨。京津城際鐵路的設計者是鐵道第三勘察設計院集團有限公司（簡稱鐵三院，2017 年 4 月 27 日更名為中國鐵路設計集團有限公司），作為第一個吃螃蟹的單位，他們在科學理論的指導下，走過了許多探索性的道路，實現了對現實的突破。

京津城際鐵路的突破是設計理念的突破。京津城際鐵路沿線地基為軟土、鬆軟土，天津段基巖在地面 1 000 米以下。這類土具有含水率高、壓縮性高、透水性差、強度低的特

點。雖然中國鐵路早期試驗鋪設過無砟軌道（採用混凝土、瀝青混合料等整體基礎取代散粒碎石道牀的軌道結構，是當今世界先進的軌道技術），但在這樣的地基上鋪設無砟軌道，當時國內外都沒有成熟的施工經驗。鐵三院與施工單位緊密配合，採用封閉部分水井，減少或控制沿線地下水開採，增加橋樑樁長、樁徑，採用可調高支座，軌道採取可調扣件等一系列措施，有效控制了鬆軟土地基的路基變形和橋樑沉降問題，滿足了鬆軟土地基以及區域沉降條件下鋪設無砟軌道的具體要求。如今，看着在這條線路上平穩飛馳的高速列車，我就會無限佩服當年設計者的創新精神。

2008 年 8 月 1 日 10 時 57 分，我國首列設計時速 350 公里的「和諧號」動車組列車飛馳在京津城際鐵路天津境內楊村特大橋上，這是我國鐵路建設史上又一座新的里程碑　　　　　　　　　　　　　　　／ 原瑞倫 攝影

設計人員在京津城際鐵路上做了科學的設計 —— 減少路基，儘量使用佔地較少的橋樑。京津城際鐵路以橋樑為主體，橋樑長度為線路總長度的 87%，每公里橋樑平均節省土地約 44 畝（1 畝 =666.6 平方米），全線就節約土地約 4 593 畝。該設計有效地減少了對土地資源的佔用，同時也解決了妨礙當地民眾出行和破壞當地生態環境的問題。後來這一設計原則幾乎用在每一條新建的高鐵線上。可以說，從京津城際鐵路開始，中國鐵路建設就更加注重資源節約和環境保護。

北京南站是中國的第一座高鐵站，它的設計與建造超越了傳統火車站的理念，至今都讓人感歎。北京南站站房為雙曲穹頂，外形為橢圓結構，遠觀似飛碟。該設計融入了古典建築「三重簷」的傳統文化元素，有着獨特的中國風韻，突破了傳統鐵路站房的設計，實現了藝術性與功能性的完美統一。北京南站站房精緻、寬大、敞亮的設計形式為後續高鐵站房高結構、大跨度的設計風格提供了參考。自此，在大江南北，一座座融濃郁地方文化與現代建築科技於一體的站房成為城市的形象窗口，成為高鐵線上的標誌性建築！

京津城際鐵路攻克了施工技術的多項難關。北京環線特大橋是京津城際鐵路從北京南站出發跨越北京市區的橋樑。橋樑起自北京市東城區左安門西約 700 米，向東南方向連續上跨

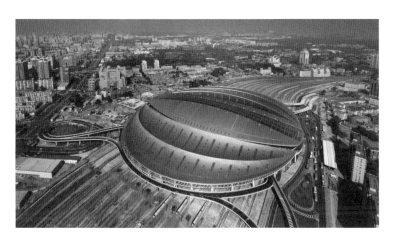

北京南站全景　　　　　　　　　　　　　　　　　/ 原瑞倫 攝影

二、三、四、五環路等城市道路，經過豐台區和朝陽區，在上跨通黃路之後終止於通州區台湖鎮桂家墳村。橋樑全長 15.6 公里，最大跨度出現在上跨四、五環路的主跨，跨度均為 128 米，跨二、三環路主樑跨度則為 100 米。這座特大橋為京滬高鐵等長大橋樑的施工積累了豐富的經驗。

　　動車組性能飛躍的多次試驗是在京津城際鐵路上完成的。京津城際鐵路初期使用由南車四方機車車輛股份有限公司（簡稱南車青島四方。該公司於 2015 年 6 月 1 日更名為中車青島四方機車車輛股份有限公司，簡稱中車四方股份公司）引進日本技術設計生產的 CRH2C 型動車組，以及唐山

軌道客車有限責任公司（簡稱唐車公司。該公司於 2015 年
6 月 1 日更名為中車唐山機車車輛有限公司，簡稱中車唐山
公司）引進德國技術設計生產的 CRH3C 型動車組。從 2009
年 4 月 6 日起，京津城際鐵路均改用 CRH3 型動車組列車。
2018 年 8 月 1 日後，京津城際鐵路又全部改用「復興號」
CR400BF 型動車組。

　　控制列車安全運行的「大腦」──列控系統（第三章第四
節將詳細介紹）成為京津城際鐵路安全、高效運行的神器。從
普速鐵路升級到高速鐵路，「大腦」也要轉型升級。京津城際
鐵路採用 CTCS-3D 列控系統，設計最高行車速度為 350 公里
／時，最小追蹤列車間隔時間為三分鐘。

「復興號」動車組飛馳在運營線上　　　　　　　　／楊暘 攝影

京津城際鐵路站後系統集成建設是我國鐵路史無前例的創新工程，它技術複雜，涉及信息技術、自動控制技術、新材料技術等多個門類，是多種專業交叉的高新技術綜合項目。系統集成職責明確、接口清楚、進度清晰、步調一致，大大縮短了項目的工期。隨着中國高鐵的飛速發展，長距離高鐵項目的興建越來越頻繁，工期緊、任務重、難度大已經成為未來中國高鐵綜合項目建設的主要特點。系統集成大大縮短了問題解決的周期，從而縮短了項目的整體工期。京津城際鐵路系統集成的創新實踐為其後各大幹線高鐵探出了新路。

作為中國首條設計時速 350 公里的高鐵，京津城際鐵路為我國培養了第一批高鐵技術人員、施工人員、運營管理人員。京津城際鐵路積累的設計、施工、運營經驗，為其他高鐵的建設提供了模板。

2. 京津城際鐵路是中國高鐵發展的里程碑

作為中國高鐵的長子，京津城際鐵路在我國高鐵發展史上具有里程碑式的意義。它不僅實現了向奧運會獻禮的夙願，也拉開了中國大規模高鐵建設的序幕。

回望京津城際鐵路的建設歷程，或許我們能發現當時設計上的不足和個別技術的局限性，但其設計理念、技術以及管理上的探索和創新，永遠值得人們銘記。這條線路讓中國

人的自信力得以呈現，讓中國人的創新智慧得以發揮，更讓中國人開啟了嶄新的中國鐵路新時代。從此，中國開始步入高鐵時代！

第二節　中國高鐵快在哪裏？

中國高鐵快在什麼地方？這是一個很難回答的問題。乍一看，中國高鐵運營速度並沒有比國外高鐵快多少，但仔細審視起來，中國高鐵的發展卻經過了其他國家高鐵發展難以比擬的過程。這一過程不僅僅是中國鐵路發展騰飛的階段，也是和世界同行相比逐漸領跑的階段。作為中國發展的一個縮影，我們可以從很多側面詮釋中國高鐵「快」的品質！

1. 列車運行速度升級快

從最初每小時二三十公里到中華人民共和國成立以後每小時四五十公里的運營速度，中國鐵路就這樣慢騰騰地運行了幾十年。儘管幾十年間，鐵路的運行規模有所擴大，中國鐵路網由經濟發達地區向經濟較落後地區快速延伸，但火車依然保持着緩慢運行的老樣子。直到 20 世紀 90 年代，當中國的高速公路和民用航空業獲得快速發展時，鐵路卻因為

運能的嚴重滯後，制約了我國國民經濟的發展。1997 年 4 月
1 日開始的第一次鐵路大提速，恰如驚雷前的閃電，驚醒了
大地上緩慢行進的火車。經過連續六次全國鐵路大提速的洗
禮，中國鐵路開始擺脫緩慢速度的羈絆，不斷向前衝刺。運
營速度不斷提升 —— 140 公里 / 時、160 公里 / 時、200 公
里 / 時、250 公里 / 時 …… 中國人開始體驗到「飛翔」的快
樂，體驗到 1978 年鄧小平乘坐日本新幹線時「催人跑」的感
覺。中國高鐵醞釀了中國速度，中國速度成為中國高鐵的代
名詞。中國從普速鐵路走向准高鐵用了幾十年的時間，但從
准高鐵走向 350 公里 / 時的高鐵卻只用了不到六年的時間。
這是讓國人驕傲的速度，也是讓世界矚目的速度，更是讓中
國高鐵自身不斷嬗變的速度。

2. 引進、消化、吸收、再創新速度快

　　當我們今天回望中國高鐵發展的歷史，就會發現在整體
技術引進的過程中曾經存在「食洋不化」的擔憂，但鐵路人闖
過了這樣的難關。鐵路人在自力更生的同時，通過大量引進國
外高鐵相關的工程技術、高速列車製造技術以及列控系統技
術，促進中國高鐵不斷消化、吸收、再創新，快速走向新的歷
史階段。

武漢動車段夜景　　　　　　　　　　／ 由中國國家鐵路集團有限公司提供

　　從秦瀋客運專線設計時速 200 公里的整體試驗，到六次全國鐵路大提速的局部技術引進，從京津城際鐵路開通前的摩拳擦掌到後期每一個階段技術創新的全面展開，從工程系統創新到動車系統創新再到全面系統創新，中國高鐵走出了一條從局部到整體、從動車組製造到現場運營的全方位的技術創新路徑。中國高鐵創新採用產學研合作方式，在重點領域和重要節點開展科研攻關、搭建國家級實驗平台，以此促使中國高鐵突破一個個技術壁壘。在短短的十幾年時間裏，中國已經擁有了

具有完全自主知識產權、達到世界先進水平的標準動車組，並在自主創新的平台上不斷開發出新型高鐵動車產品，如可變編組動車組。

3. 建設速度快

高鐵工程建設得益於中國鐵路建設技術跨越式的提高。中國地大物博，複雜的地質條件給中國鐵路建設者出了難題。在遵循工程建設規律的基礎上，中國鐵路人在建設高鐵的過程中，積極引進國外先進的施工技術，結合自身多年積累的工程技術經驗，在長隧道設計與施工、塌陷性黃土整治、無砟軌道鋪設、特大橋樑製造方面取得突破性進展。

中國高鐵施工技術的大幅提升受益於中國工程製造業的飛速發展。大型盾構機的建成、精密測量儀器的製造、新型建築材料的研發，為中國高鐵施工提供了全方位的支撐，也展示了中國的綜合國力。

從京津城際鐵路開通運營，到 2018 年年底我國高鐵運營里程近三萬公里，十年時間，高鐵運營里程有近 250 倍的增長，這一建設速度不是哪個國家都能輕易實現的！在高鐵建設飛速發展的背後，中國快速提升的工程技術、鐵路人的拚搏精神以及沿線民眾對高鐵的支持，都對加快中國高鐵的建設起着

中鐵一局在西成高鐵施工 　　　　　　　　　　　　　　　　／ 許良 攝影

巨大的推動作用。以徵地拆遷為例，中國高鐵沿線的徵地拆遷獲得了當地政府和羣眾最大程度的支持。在實施土地作價入股政策之後，地方政府對鐵路徵地拆遷工作力度進一步加大，有效加快了工程進度。縱觀世界上許多建設高鐵的國家，因為徵地拆遷問題導致高鐵建設工程延期的不在少數。中國高鐵建設的速度體現了我國「集中力量辦大事」的決心和毅力。

4. 向國外傳播速度快

中國高鐵發展之快，還體現在向國外高鐵建設的延伸上。隨着「一帶一路」倡議的提出，中國高鐵被賦予新的內涵，成為我國走向世界的名片，匈牙利首都布達佩斯至塞爾維

亞首都貝爾格萊德的匈塞鐵路、印度尼西亞雅加達至萬隆的雅萬高鐵等建設項目讓中國高鐵不斷走出國門，並開始在國際社會獲得認可。中國高鐵不僅向國外輸出中國動車組，也向世界輸出中國高鐵的系統工程技術；不僅向欠發達國家，也向發達國家輸出高鐵技術。

第三節　　中國高鐵高在哪裏？

高，意味着質量標準高；高，意味着運營控制水平高；高，意味着審美意蘊高；高，也意味着全球化水準高。高，是一個褒義詞，也是一個苛刻的要求。

1. 質量標準高

中國高鐵的質量標準高體現在對許多細節的追求上。

動車製造的細節展示了中國高鐵對質量的極致追求。就連簡單的動車組車門，其設計製造也運用了人體工程學原理，在製造廠和模擬試驗室裏，通過多次模擬試驗，以使旅客出入更加舒適。貌似平常的動車組車窗上的遮陽板，倘若你細心觀察一下，就會發現其體現了人文關懷。車窗遮陽板由一塊遮陽布構成，可以隨意上下拉到你想要停留的位置，避免了傳

統列車車廂的車窗無法隨意遮蓋的尷尬，十分人性化。動車組上的廁所不僅為旅客做了細緻的設計，也為殘疾人和兒童提供了各種方便。中國高鐵在技術保證下的人性化設計展示了中國高鐵質量的高標準。有一位鐵路攝影師，專門拍攝一年四季行駛在大江南北的高鐵，記錄中國高鐵的整體美。他對機車的優美設計驚歎不已。其實，這種優美設計的背後有着設計師們無數的心血，比如，為了設計一個車頭，很多設計師會把中國古代的劍、戟等找來研究。這些外形優美的高鐵動車組的背後是設計師們多少個不眠之夜啊。每個細節後面都有動人的故事，每個成就細節的故事裏都有鐵路人心底對完美的追求。

CRH3「和諧號」動車組一等座車廂　　　　　　　　　／原瑞倫 攝影

　　工程細節的完美追求體現在外形設計的審美和內在控制的精準上。中國高鐵動車組令人稱道，中國高鐵工程項目也同樣令人讚歎。如果你參觀過日本早年開行的新幹線，或者西班牙、德國等歐洲國家的高鐵，那麼一定會為今天中國高鐵的工程品質由衷叫好。在過去很長一段時期內，囿於我們的設計理念落後和建築材料的品質欠缺，鐵路工程大都呈現粗老笨重的外在形象，缺乏美感。但今天的中國高鐵橋涵在線路中的佔比在 70% 以上，這為中國高鐵呈現恢宏的氣勢提供了無限豐富的空間。從成羣舒展的橋墩到設計精美的隧道口，從高大宏偉的站房到整齊劃一的高鐵圍擋，從優美如畫的綠化帶到平滑如鏡的無砟道牀，高鐵工程的每一個細節，既讓高鐵建設者感到

溫福線寧德跨海特大橋　　　　　　　　　　　　　　／張衛東 攝影

自豪，也讓國外高鐵同行驚歎不已。這些細節代表了中國高鐵技術的進步，也代表了中國建築材料和設計理念的進步。高鐵工程的品質之美，顯示了中國高鐵的氣韻之高。

2. 運營控制水平高

談到中國高鐵，沒有人會忘記 2011 年「7‧23」甬溫線特別重大鐵路交通事故，它被國務院定性為因列控中心設備存在嚴重設計缺陷、上道使用審查把關不嚴、雷擊導致設備故障後應急處置不力等因素造成的責任事故，對中國高鐵品牌的負面影響極大。從 2008 年京津城際鐵路開通運營到 2011 年「7‧23」甬溫線特別重大鐵路交通事故發生之前，鐵路人更多地沉浸在擁有先進高鐵技術的驕傲之中。這次事故喚醒了鐵路人保障高鐵安全的意識，促使人們重新審視我國高鐵建設、運營的規範及安全管理技術問題。此後幾年時間，鐵路人重視高鐵列控系統的每一個環節，認真設計和重新評判高鐵列控系統的安全性，使中國高鐵在新一輪發展中終於獲得更加穩定、可靠的運行控制保證。人們從媒體上看到有關中國高鐵的負面報道少了，從出行的高鐵旅客笑臉上讀到了那份平靜和信任。

3. 審美意蘊高

中國中鐵建工集團有限公司作為中國鐵路站房建設的

主力軍，修建了幾百座鐵路站房，堪稱鐵路站房建設的王牌軍。但中國高鐵時代到來後，高鐵站房的設計不再為鐵路相關企業獨家擁有，很多鐵路之外的設計施工企業也參與進來，為中國高鐵站房的概念化設計打開了美麗之窗。

　　來自瑞典的華裔學者馮琰先生熱衷於拍攝中國車站，他對中國高鐵站房的設計讚不絕口。他花了大量時間和精力，走南闖北只為拍攝中國高鐵站房。新穎的外觀、精美的內飾、超大的空間展示着新一代中國高鐵站房的形象。自北京南站站房開始，中國高鐵站房呈現南北各異、東西有別、競相開放的發展態勢。幾乎每座站房都融入了設計者的深入思考。在滿足使

2008 年的北京南站候車大廳　　/ 劉坤弟 攝影

用功能的基礎上，每一座高鐵站房的設計者都在反覆思量，將民族、地域和歷史文化作為站房設計要素，突出高鐵站房設計的獨特性。每座高鐵站房所呈現的審美細節，一方面提升了高鐵沿線的景色，另一方面也成為當地對外交流的窗口。高鐵站房，正像高鐵線上的明珠，映襯着中國高鐵的輝光。

4. 全球化水準高

中國高鐵之高，還體現在它對世界技術文化的塑造上。中國高鐵在創造完美技術細節的同時，也在不斷擴大對不同文化細節的追尋。在中國高鐵向海外輸出的過程中，設計者需要從當地的地理環境、宗教信仰、生活習俗以及審美觀念等因素出發來設計動車組，以滿足當地民眾需求，這是中國高鐵建設水平獲得提升的又一次機會。同時，國外用戶的需求反過來也會促進國內高鐵施工技術、動車組製造技術的提升。中國高鐵正走在不斷自我優化的道路上。

第四節　中國高鐵強在哪裏？

中國高鐵的強大，是中國鐵路自身多年技術積澱的結果，也是引進國外先進高鐵技術激發自身創新的結果，更是中

國鐵路人不斷強化自身管理，走標準化建設路徑的結果，體現了中國高鐵的高度自洽性和社會主義制度的優越性。

1. 中國高鐵強在雄厚的技術積澱和人才儲備

中國高鐵之所以迅速崛起並獲得快速發展，是因為中華人民共和國成立後，中國鐵路秉持嚴格的管理程序和技術規範，幾十年來在與鐵路相關的工程技術、機車車輛製造、運行控制等領域，積累了大量的技術經驗和人才。這些人才經過多年鐵路工程的技術歷練和文化熏陶，在嚴格的管理制度下，保證了工作的標準化實施。特別是通過六次全國鐵路大提速的錘煉，通過秦瀋客運專線的建造和中國標準動車組的自主研製，鐵路人開始有能力迅速將技術積累轉化為中國高鐵的建（製）造品質。

雄厚的技術經驗和成熟的人才體系為中國高鐵迸發活力奠定了基礎，使中國高鐵發生巨大的質變和擁有持久的創新活力。這是中國鐵路技術代代傳承的結果，也是中國高鐵得以發展壯大並保持根深葉茂的根本原因。

2. 中國高鐵強在迅速成長的年輕力量

我數次到中國中車所屬系統一線採訪，看到很多基層的技術骨幹都是年輕人，不少生產廠的智能化管理水平超出我的

想像。和 20 世紀的中國鐵路製造廠相比，彼時的中國鐵路人尚處在拚體力的階段，而現今的中國鐵路人則進入到比智力的階段。中國的高鐵建設讓新一代鐵路人茁壯成長，使得大批年輕工程技術人員得到前所未有的鍛煉。進入智能化時代，掌握了現代信息技術和鐵路專業知識的年輕工程技術人員，具有超越傳統鐵路人的力量，在他們身上，你能感受到中國高鐵當下的信心和未來的希望。

中國高鐵是屬於年輕人的事業，是充滿希望的事業。事實證明，這一代年輕人完全有能力承擔起向未來更高速度衝刺的重任。在施工一線，擁有現代管理工具和技術管理理念的技術人員，經過較短時間的工作歷練就能走上重要的技術管理崗位。高鐵現場是他們施展本領的舞台，網絡是他們聯繫的空間，建築信息模型（Building Information Modeling，BIM）技術是他們在施工現場遊刃有餘工作的技術工具。新一代鐵路人擁有現代化的技術及管理知識，正利用着各類現代化管理工具，為中國高鐵奉獻青春才華。

3. 中國高鐵強在標準化的硬件建設

中國鐵路有標準化建設的一貫傳統，一方面是因為鐵路的專業特點，另一方面得益於中國鐵路的文化傳承。這種標

準化建設，應用到中國高鐵工程建設、動車組製造、運營管理的各個環節，使得標準化建設成為中國高鐵的內在品質，為中國高鐵的穩健前行保駕護航。在京滬高鐵建設過程中，無論是打通一座隧道，還是處理一段路基；無論是製樑廠的標準化，還是無縫化鋼軌線路的精確調整；無論是高鐵站房的細節設計，還是跨江大橋極端天氣下的施工方案……中國高鐵建設者都遵循嚴格的施工程序和標準規範進行作業。在中車四方股份公司，每一節車廂投產前都要經過周密的試驗，沒有安全可靠的數據不會輕易投入生產；機車更是要經過多項技術試驗，只有全部通過試驗後才能付諸製造。中國高鐵動車組的可靠性試驗，為動車組在各條線路不同外部條件下的正常運營提供了保障。正是這樣一點一滴的技術試驗、驗證、積累和調整，切實保證了高速列車運行的安全性。

4. 中國高鐵強在服務創新水平和主動意識

與普速鐵路相比，中國高鐵提供了周到、智能、創新、便捷、舒適的標準化服務，讓每位旅客乘坐高鐵時都有賓至如歸的感覺。這一方面得益於動車硬件設施帶來的精準、安全和人性化，另一方面得益於服務質量的改進提升。

京張高鐵南口隧道 ／ 王兵華 攝影

CRH3「和諧號」
動車組的列車員
以嶄新的姿態迎
接旅客

／ 原瑞倫 攝影

中國高鐵運行有強大的服務支撐系統，車站、動車組服務人員都經過嚴格的培訓，致力於為旅客提供暖心的服務；中國高鐵司機更是經過千挑萬選，不僅要有熟練的駕駛技術，還要有強烈的責任擔當。被譽為「中國高鐵司機第一人」的李東曉，其形象代表了中國高鐵服務人員的品質。他在崗位上的一招一式都呈現出規規矩矩的「高鐵味道」。「高鐵味道」保證了高鐵的「軟服務」和「硬設施」的相互協調。為保證高鐵的正常運行，還有很多幕後人員在默默地奉獻着。例如，在夜深人靜之時，當一列列動車組進入檢修基地，動車段檢修員就會出現在現場開始工作。正是他們的仔細檢修保證了高鐵的安全行駛。電務、工務、供電檢修人員，無論冬夏，都會在每天後半夜的高鐵運行「天窗期」為列車運行提供最到位的檢修服務。正是有了這些鐵路人周到的服務和細緻檢修，中國高鐵才能順暢運營。

5. 中國高鐵強在系統的高度自洽性

如果說普速鐵路是一部大聯動機，那麼高鐵則是高智能化的自洽系統。儘管旅客接觸到的只是整潔舒適的列車，但其實稍加分析就會發現，高鐵是一個完備的大系統，大系統中又包含着分系統，分系統裏又有很多小系統。各個分系統自成體

2019 年 2 月 19 日元宵佳節，在北京南站開往上海虹橋的 G7 次「復興號」
列車上，列車乘務人員與旅客共同佈置車廂，共度佳節

／由中國國家鐵路集團有限公司提供

系，有着嚴格的管理標準，分系統之間的跨系統管理則由總系統進行控制，有着高度的系統自洽性。中國高鐵技術體現出硬件和軟件的高度融合，體現出整體的自洽性，這種高度的自洽性為中國高鐵的進一步發展帶來可靠保證。

6. 中國高鐵強在優越的舉國體制

　　如前所言，中國高鐵建設的速度之快，體現了中國社會主義舉國體制的強大優越性。同樣是徵地，中國高鐵徵地實施地方土地作價入股的方案，地方政府作為高鐵建設的參與

者，一方面體現了地方民眾對高鐵建設的支持，另一方面也為加快高鐵建設速度破除了制度壁壘。說到中國高鐵徵地的速度，儘管各地在執行政策、法律層面有些許偏差，但總體說來，在整個高鐵的建設過程中，隨時能感受到沿線地方政府和人民的大力支持。許多國外專家羨慕中國高鐵的建設速度，但他們感慨中國方案在他們國家恐怕難以實行，主要因為在他們國家，只要有一家土地所有者不配合，美好的方案就會被長期擱置。而在社會主義的中國，高鐵建設用地被當成國家重大工程用地，政府和民眾都會給高鐵用地開綠燈，這是社會主義制度的優越性。舉國體制另一個層面的意義在於，可以為中國高鐵各個創新階段提供巨大的創新平台和技術整合力量。宏觀而言，舉國體制可以制訂高鐵技術發展的五年計劃，也可以制訂中國高鐵的中長期計劃，從而為建設高鐵營造良好環境。中國高鐵正是在這樣的優越制度環境下得以穩健、長足地發展。社會主義舉國體制的優勢在於「集中力量辦大事」，中國高鐵十幾年迅速發展的歷程再一次證明這一制度的優越性。

　　強大的硬件設施、暖心的軟件服務、巨大的國家力量，構成了中國高鐵強大的基礎。這種強大會讓每一位旅客體會到、感受到。無論是高大的站房設施，還是高鐵列車上的周到服務，以及不斷傳來的新的高鐵的開通消息，都在傳遞着中國

高鐵強大的信號。中國高鐵的強大既有宏觀的氣勢背景，又有微觀的人文體現，更有國家為人民謀福祉的意志。中國高鐵的強，是國家意志走到人民心裏的強，是逐漸發展的強，也是能延伸到未來的強。

第五節　以奧林匹克格言精神內涵 成就中國高鐵的發展路徑

「更快、更高、更強」的奧林匹克格言精神內涵非常豐富，它充分表達了奧林匹克運動不斷進取、永不滿足的奮鬥精神和不畏艱險、敢攀高峰的拚搏精神。這種精神與中國高鐵精神完美契合，成就了中國高鐵的發展路徑。之所以這樣說，除了上面所陳述的中國高鐵在追求更快、更高、更強道路上的孜孜以求外，中國鐵路人也充分展示了追求事業成功的不懈奮鬥的精神。

奧林匹克格言所體現的精神是抵達極限、自我超越的精神。這種精神不僅要求運動員要有足夠強大的體魄，還要有挑戰自我的信心，更要有超越自我的勇氣和闖勁。中國鐵路人秉承了運動員的優秀品質，在極短的時間內完成了複雜而煩瑣的技術引進；在千萬次的實驗中，不斷挑戰自己的認知和心理承

受能力，以大胸懷成就大事業。每一個鐵路人在攻堅克難的過程中，既有超越自我的精神追求，又有保證項目向前推進的集體目標。在不斷挑戰極限的過程中，中國鐵路人攻克了一個又一個技術難關，從六次全國鐵路大提速到秦瀋客運專線運營技術成熟，從廣深鐵路提速到京津城際鐵路完成對奧運會的獻禮，中國高鐵建設者以傲人的姿態，展示了中國鐵路人追求極限、自我超越的精神。

奧林匹克格言精神內涵是不斷追求完美。中國高鐵的發展是追求細節完美的發展，是突破技術瓶頸的發展。挑戰極限，意味着自我超越；追求完美，則是中國高鐵精神的具體體現。如果說奧林匹克格言精神完成了對一個運動員的精神塑造，那麼高鐵精神則讓每一位高鐵建設者在時代浪潮中完成了自我鍛造。高鐵讓很多參建單位完成了設備的升級換代，高鐵建設也為眾多單位鍛煉了具有精益求精精神的施工技術人員。中國高鐵讓許多高鐵建設者成為工作狂的同時，也讓他們的精神境界和業務能力到達新高度。這是奧林匹克格言精神之於中國高鐵精神的再塑造。中國鐵路人在追求完美的過程中，塑造着屬於自己和大局的雙重完美。

奧林匹克格言精神內涵與中國高鐵創新實踐的融合體現在中國高鐵的品質上。奧林匹克格言精神是國際化的精神，也

是被世界人民認可的拚搏精神。中國高鐵對奧林匹克格言精神的借鑒和實踐，一方面體現在奧林匹克格言精神成就中國高鐵的品質上，另一方面體現在對更快、更高、更強的追求貫穿在中國高鐵發展的全過程中。中國高鐵之所以能獲得快速發展，離不開對國外高鐵技術的快速借鑒和消化吸收。如果沒有這種謙虛好學的品格，沒有打破技術壁壘的勇氣和信心，沒有國際化視野，中國高鐵發展的速度就不會如此令人矚目，中國高鐵自身的完美就會大打折扣，中國高鐵引領世界高鐵技術的可能性就會減弱。得益於國外高鐵技術又最終領跑國外高鐵技

中鐵三局集團施工的圓郛子隧道正在緊張開挖   ／原瑞倫 攝影

術，這體現了中國鐵路人的國際視野，也體現了中國高鐵擁有國際技術文化的特性。

一代中國鐵路人的無私奉獻換來了中國高鐵的黎明。有不少高鐵建設者從父輩身上接過鐵路建造的重擔，有的父子、兄妹一同在高鐵工地上奔波。事實上，中國高鐵又何止凝聚了一代人的奉獻？高鐵精神，意味着自我利益的更多犧牲；高鐵精神，蘊含着無法言說的家國情懷；高鐵精神，體現在普通鐵路建設者身上，是個體與集體的連接，是個人成長與國家發展的共鳴。

第六節　高鐵的文化血脈

在短短十幾年的時間裏，中國高鐵的運營里程已經由最初的 120 公里增加到近四萬公里，讓中國成為名副其實的世界第一高鐵大國。高鐵不僅改變了中國人的出行方式，也給中國經濟的發展帶來前所未有的變化。探索中國高鐵發展的文化血脈，對於理清中國高鐵的發展路徑，對於弘揚新時代的奮鬥精神，對於中國高鐵的未來發展，都起着重要作用。

高鐵的文化血脈是什麼？中國高鐵不是憑空產生的，它來自眾多鐵路人的創新實踐，來自適時的技術引進，來自百折

不撓、迎難而上的攻堅克難，來自時尚文化的感染和世界潮流的驅動，更來自中國綜合國力的不斷提升，來自我們的社會主義制度和改革開放政策。

高鐵文化首先由中國傳統文化孕育而來，中國傳統文化是中國高鐵文化的根。很多人認為高鐵是當代最高新的技術之一，與中國傳統文化無關。筆者認為這是一種認識偏見。無數高鐵建設者身上流淌着中華民族的血液。正是中華民族的傳統文化，滋養了一代又一代鐵路人秉承中國傳統的奮鬥精神，在自力更生、艱苦奮鬥的道路上頑強拚搏。他們在中國高鐵發展的關鍵時刻果斷引進國外高鐵技術，遇到困難時，不等不靠，挑戰自我，百折不撓，迎難而上。

高鐵文化還來自鐵路自身形成的文化傳統。從 20 世紀初詹天佑為我國鐵路做出開拓性的貢獻，到中華人民共和國第一代鐵路建設者為我國鐵路做出披荊斬棘的努力，鐵路人所形成的「安全優質、興路強國」的鐵路精神，已經化作中國高鐵的文化血脈。從中華人民共和國成立到現在，我國鐵路一直有着規範的文化教育傳統，善於將日常工作與技術教育相結合，從而形成了獨特的鐵路文化。這是中國鐵路不斷發展的精神源泉，也是中國高鐵創新發展的精神動力。在改革開放初期，這樣的文化教育曾經熏陶了從 20 世紀 50 年代到 20 世紀 80 年代

在鐵路工作的建設者。改革開放後，不少在 20 世紀 90 年代剛參加工作的人員現在已經走上領導崗位，在他們的理念裏，仍然有鐵路文化的影子，如「捨小家、為大家」的奉獻文化、「人民鐵路愛人民」的行業文化等。這些文化傳統影響着一代又一代鐵路人，並在高鐵建設者間不斷傳遞。

　　文化的傳承可以激發出工作的力量。中國高鐵之所以能獲得快速、高品質的發展，與這種蘊藏於鐵路建設者文化血脈中的精神力量密不可分。在高鐵建設的新時代，會有更多企業參與到高鐵建設中，這又為中國高鐵注入了嶄新的文化活力。

無砟軌道板精調作業現場　　　　　　　　　　　　　　／陳濤 攝影

　　高鐵文化具有明顯的時代特徵。鐵路建設發展到高鐵時期，為鐵路建設者帶來了新的時代課題。面對人民對高鐵的期盼和鐵路運能嚴重滯後的現狀，鐵路人選擇利用高鐵技術來提高運能。他們認真引進吸收國外先進高鐵技術，接受挑戰，不斷進行深層次攻關和技術創新，逐漸賦予中國高鐵嶄新的技術發展路徑，並與智能化管理相結合，促使中國高鐵向更高層次發展。

　　高鐵文化是民族性、技術性和世界性的結合。中國高鐵的發展有中國鐵路人頑強拚搏的烙印，呈現了鮮明的民族特徵。但中國高鐵不僅僅是中國人奮鬥的結晶，也是技術性的體現，在帶有民族性的同時，也包含了世界高鐵先進技術的特質。因此，中國高鐵文化是與時俱進的文化，具有民族性、技術性和世界性相統一的特點。正是這樣的統一性，讓中國高鐵帶有獨特的技術文化品質，得到我國人民的讚美和世界人民的青睞！

　　中國高鐵正像中國大地上的河流，流淌着中華民族的文化血脈，展示着日漸強大的中國實力。國運興，道路暢。沒有國家綜合國力的提升，我們無力修建中國高鐵，無人建設中國高鐵，無財發展中國高鐵。中國高鐵的應運而生，體現了中國發展到現階段所擁有的科技實力與經濟實力，也展示了政府為

中國人民謀幸福而做出的巨大努力！中國高鐵蘊含了無數中國人的願望，中國高鐵正為走向世界而蓄勢待發，中國高鐵實現了中國鐵路人的振興祖國之夢，也為國家富強、民族振興、人民幸福的中國夢增添了新動力！

走向世界的中國高鐵，代表着中國有為世界高鐵發展做貢獻的責任擔當。高鐵運營里程近四萬公里的成功實踐，讓更多國家看到了中國高鐵的品牌力量，高鐵在某種意義上從交通工具變成文化交流的使者。這是中國鐵路人的驕傲，也是所有中國人的驕傲。中國高鐵走向世界，展示了一個以世界共同發展、共同繁榮為己任的大國擔當。未來，隨着中國高鐵在不同國家落地，中國高鐵將不再僅僅是技術的象徵，也將成為友誼的象徵。

美哉！中國高鐵！植根於民族文化和鐵路文化之中，在引進世界先進高鐵技術中飛躍，在飛躍中提升，為我國民眾造福，為世界各國提供高鐵發展模式，為全人類造福！

壯哉！中國高鐵！讓中國人在自力更生中找到了自信，在飛速發展中捕捉世界同行的信息。中國高鐵以超越以往的速度、以高貴的品質讓中國人找到了新的名片，並將中國引入無限輝煌的未來！

第二章

遲來的領跑者

在日本高鐵開通運營 44 年之後誕生的中國高鐵，僅用十餘年的時間，就迅速發展到近四萬公里的運營里程，穩居世界第一。其間，既有最初的技術方案爭論，也有歷次提速的技術積澱，同時還伴隨了高鐵事故的波折以及技術發展路徑的選擇。

第一節　中國高鐵發展史[1]

中國高鐵發展史是一個宏大的課題。中國高鐵走過了長期的前期技術積累階段（包括廣深准高速試驗、六次全國鐵路大提速、秦瀋客運專線建設、自主研製動車組等）、引進吸收階段（主要是 2004 年到 2008 年京津城際鐵路開通）、自主創新階段（研製中國標準動車組）。從鐵道部接觸國外高鐵到中國第一條高鐵開始運營，經過了 20 多年的時間。20 多年來，當年大學畢業被分配到鐵道部高速鐵路籌建辦風華正茂的小夥子，變成了已有些許白髮的中年人；當年醉心於高鐵自主研發的老部長，在乘坐京滬高鐵時已過古稀之年。中國高鐵懷揣

1　本節內容由中國鐵道科學研究院集團有限公司（以下簡稱鐵科院）提供資料整理而成。

着多少中國鐵路人的夢想？中國高鐵又走過了怎樣艱難的旅程？這背後的故事令人唏噓不已。

2019 年 5 月，筆者和出版社編輯在採訪原鐵道部諮詢調研組副巡視員吳新民研究員時，他向我們講述了中國高鐵的前期論證過程。

高鐵能進入中國是國民經濟發展的客觀需要。21 世紀初，在繁忙的京滬線上，運輸能力嚴重不足。相關部門提出鐵路首先提出要擴能。在南京和徐州之間，一天只有一百二十多對火車，運輸能力嚴重不足，於是鐵路部門提出在這段線路間建四線鐵路。中國鐵路早期多數是單線鐵路 —— 每隔一段距離必須設置一些車站或者會車的地方，來等待不同方向的火車會車，運輸能力非常有限；後來建起了複線鐵路 —— 複線鐵路有上行和下行兩條軌道，不同方向的列車可以分開行駛，運輸能力相比單線鐵路大大提升。而四線鐵路（也稱作雙複線鐵路）一般是鐵路交通非常繁忙的路段。四線鐵路一般是上行分配兩條軌道，下行分配兩條軌道，其運輸能力是複線鐵路的兩倍以上，因此四線鐵路提供了火車超越火車的可能性。從鐵路運輸角度來講，四線鐵路最好是實行客貨分離。

但客貨分離的運輸方式並不是拍腦袋想出來的。1980年 8 月，深圳經濟特區正式成立，其經濟的迅速發展帶動了廣州和深圳兩地間人流量（也叫 OD 流，指起終點間的交通出行量）的明顯上升，旅客數量不斷增加。既有的廣深鐵路需要提速，但當時我國的鐵路幹線運輸能力嚴重不足，客貨列車共線運行。因此，在既有線路上提速就碰到了問題：客車提速後，在同一條線路上，慢車讓快車，貨車讓慢車，提速影響了貨車開行，削弱了線路的運輸能力。因此，提出了客貨分離的運輸方式，在實現客車和貨車分離後，再提高客車的運行速度。客貨分離的運輸方式，就是這樣在實際工作中提出來並一點點得到落實的。

時間倒回到 1978 年 10 月 26 日，鄧小平在訪問日本期間乘坐新幹線從東京前往京都，看到列車風馳電掣般行駛，他深有感觸地說，「就感覺到快，有催人跑的意思，我們現在正合適坐這樣的車」。當時對於如何發展中國自己的高鐵還沒有規劃。

1989 年，鐵道部考察團在歐洲考察訪問期間，視察了法國 TGV（法國第一條高鐵 1981 年開通運營，最高運營速度 270 公里 / 時），由此提出中國高鐵技術怎麼發展這個問題，立意開展中國的高鐵研究。1990 年，鐵道部正式立項，

下達了「中國高速鐵路發展模式和規劃的研究」科研課題，由鐵科院具體負責實施。同年，鐵道部在《鐵路「八五」科技發展設想 —— 先行計劃》中提出，要重點組織「高速鐵路成套技術」重大科技攻關項目論證，並於 1991 年經國家批准列入國家「八五」重點科技攻關計劃，由此開啟了中國高鐵的科研攻關。

與此同時，既有線路的提速試驗已經開始。中國鐵路提速以廣深鐵路為試點，歷時四年，廣深鐵路完成准高速線路的提速改造，最高速度從原來的 100 公里 / 時提高到 160 公里 / 時。1995 年 9 月，上海鐵路局在滬寧線上進行提速改造和列車時速試驗；1996 年 4 月 1 日，快速列車「先行號」從上海站向南京站出發，最高運行速度 140 公里 / 時，全程運行時間 2 小時 48 分鐘，開創了既有鐵路線提速的先河。

雖然開始了提速試驗，高鐵也列入「八五」重點攻關計劃，但大家對高鐵是怎麼回事還不是很清楚。1993 年開始，世界銀行的第六批和第七批貸款項目，都是關於提高中國鐵路的運輸能力的。國內專家和世界銀行專家一起進行了《鐵路擴能最佳技術效益評估》的研究，在世界銀行下發第七批貸款項目時，我國提出了《關於京滬鐵路的總

體方案與經濟分析》。可以說我國的高鐵發展不是由技術發展推動的，而是由經濟推動的。當時，對於涉及的許多指標，國內專家是從 OD 流等基本數據開始考慮的。當時的鐵科院運輸所所長認為應該考慮我國經濟發展以後運輸客流會增長到什麼程度，並提出了相應模型。這在當時已經屬於超前思維，很多人還不理解。事實上，後來的實際增長幅度比模型設計的要高得多。

1990 年以後，國家科委、國家計委、經貿委、體改委及鐵道部（簡稱「四委一部」）領導的「京滬高速鐵路重大技術經濟問題前期研究」項目工作開始實施。該項目由鐵科院牽頭，組織科研、設計、高校等單位，深入開展高鐵基礎理論、關鍵技術、建設和運營管理模式等專題研究，完成了以下幾項工作。

第一是策劃了系統頂層設計。單就列車來講，車內部如何配合、信號系統怎樣工作都是研究內容。鐵路講三個要素：速、密、重，即速度、運行密度和牽引噸位，因此高鐵涉及的不僅是列車。設計時，要充分考慮高鐵的最高設計時速、運營速度。運行密度與運量有關，運行密度越大，列車間的間隔越小，旅客等待乘車的時間越短，可選擇的出行時間也越靈活。牽引噸位則與列車長度有關。這

些都是系統總體設計要考慮的內容。

第二是充分發揮綜合優勢。由鐵科院牽頭，將科研、設計、高校等單位各個專業的專家組織起來，最後拿出性價比高的優化方案。在京滬鐵路前期研究項目中確定下來的基本原則、參數和指標，成為中國高鐵技術發展的依據。

第三是前瞻性思考中國高鐵的發展。高鐵在中國是新生事物，當時學校沒有開設高鐵專業，老師不知道什麼是高鐵，鐵路從業者對高鐵也只有一個「快」的概念。吳新民提到 20 世紀 90 年代在德國留學時，德國的 ICE（ICEV）試驗列車跑出了 400 公里 / 時的速度，技術人員約他去看 ICE，他卻問：「去看什麼，ICE，冰車啊。」吳新民回憶說當時只覺得高速列車挺好看，但不知道其技術內涵是什麼。所以，在 1990 年開始進行高鐵技術攻關，具體到攻關路徑和部件指標等問題，大家都很茫然。當時的鐵科院機車車輛所所長組織了一批頂級鐵路專家，出了一整套（八本）機車車輛等國外技術論文匯總。可見，中國高鐵是從基礎問題開始學起的，先看國外是什麼關鍵技術，各個國家到底採用什麼技術，將國外高鐵技術彙編成書，為制訂中國高鐵設計方案、施工規範提供了參考。

　　在開展零部件研究的同時，我們實施了總體研究。國家「九五」總結項目 —— 對高速試驗列車總體技術條件的研究分為 16 個子課題，國內鐵路、機車車輛等相關單位都參與工作。項目確定了列車最高速度（當時提出的是 250 公里 / 時，最後定下開行 300 公里 / 時，預留 350 公里 / 時）、牽引噸數、機車車輛限界等指標。拿機車車輛限界來說，因考慮到中國客流量大的國情，所以參照日本高鐵的最大限界來設計。當時世界銀行專家認為這個限界設計不可能實現，但國內專家堅持認為：16 輛編組，一定要 1 000 人以上的大運量。現在看來這種堅持是正確的。從 1990 年決定進行高鐵研究，一直到「中華之星」研製成功，僅高速列車本身，鐵道部就開展了 100 多項課題研究。

　　有了技術攻關打下的基礎，以及在廣深線路、京滬既有線路和滬寧線上的試驗積累，隨後 1997 — 2007 年，我國開啟了六次全國鐵路大提速。2004 年以前完成的五次提速使用的都是國產裝備，最高運行速度提到 200 公里 / 時，速度 120 公里 / 時及以上的提速路線有 1.65 萬公里，其中時速 160 公里以上的提速線路 7 700 公里。除了既有線路的提速，1998 年開始修建秦皇島至瀋陽的秦瀋客運專線，並於 2003 年開通運營，這是第一條對中國鐵路確定的指標進行

檢驗，對中國生產的高鐵設備進行大練兵的鐵路。2000—2004 年，我國還先後研製出動力集中型的「中華之星」動車組和動力分散型的「先鋒號」動車組。2004 年，國家發展改革委和鐵道部提出「引進先進技術，聯合設計生產，打造中國品牌」的總體要求，開啟了中國高鐵技術的引進吸收再創新之路。2007 年進行的第六次全國鐵路大提速，列車最高運行速度達 250 公里／時，運營速度 120 公里／時及以上的提速路線有 2.2 萬公里。

2008 年 8 月 1 日，京津城際鐵路正式開通運營，這是中國第一條設計時速 350 公里的高鐵。

我國自主設計製造的「中華之星」動車組　　　　　　　／ 楊昉 攝影

1. 京津城際鐵路誕生後十年來的中國高鐵發展歷程

　　京津城際鐵路開通至今，我國高鐵領域的研究探索在較短的時間內取得了重大進步，高鐵建設規模和運營里程迅速躍居世界首位。下面一起來看看中國首條高鐵誕生後十年來中國高鐵走過的鮮明軌跡。

　　2008 年 10 月，中國政府發佈了《中長期鐵路網規劃（2008 年調整）》，提出建設客運專線 1.6 萬公里以上。

　　2010 年 2 月 6 日，世界上首條修建在大面積濕陷性黃土地區的鄭州至西安的鄭西高鐵開通運營，全長 505 公里。

　　2010 年 7 月 1 日，貫穿中國最密集城市羣的上海至南京的滬寧城際鐵路開通運營，全長 301 公里。

　　2011 年 6 月 30 日，運營列車試驗速度高達 486.1 公里／時的北京至上海的京滬高鐵開通運營，全長 1 318 公里。

　　2012 年 12 月 1 日，世界上第一條穿越高寒季節性凍土地區的哈爾濱至大連的哈大高鐵開通運營，全長 921 公里。

　　2012 年 12 月 26 日，世界上運營里程最長，跨越溫帶、亞熱帶，穿越多種地形地質區域和眾多水系的北京至廣州的京廣高鐵全線通車，全長 2 298 公里。

　　2013 年 12 月 28 日，連接長江三角洲和珠江三角洲的東南沿海高鐵全線貫通運營，全長 1 524 公里。

　　2014 年 12 月 26 日，世界上一次建設里程最長、穿越戈壁沙漠地帶和大風區的蘭州至烏魯木齊的蘭新高鐵開通運營，全長 1 776 公里。

　　2015 年 6 月 28 日，被譽為中國「最美高鐵」之一的合肥至福州的合福高鐵開通運營，全長 852 公里。

　　2015 年 12 月 30 日，全球第一條環島高鐵 —— 海南環島高鐵開通運營，全長 653 公里。

　　2016 年 7 月，中國政府發佈了新的《中長期鐵路網規劃》，規劃建設「八縱八橫」高速鐵路網。

京廣高鐵經過北京園博園　　　　　　　　　　　／劉坤弟　攝影

2016 年 7 月 15 日，中國自己設計研製、擁有自主知識產權的中國標準動車組，在徐蘭高鐵（鄭州至徐州段）進行的綜合試驗中，實現相對速度 420 公里／時交會和重聯運行。

2016 年 12 月 28 日，中國東西向線路里程最長、經過省份最多的上海至昆明的滬昆高鐵全線貫通，全長 2 252 公里。

2017 年 9 月 21 日，「復興號」中國標準動車組按 350 公里／時的速度在京滬高鐵上進行商業運營，樹立了世界高鐵建設運營新標杆。

2017 年 12 月 6 日，中國首條穿越地理和氣候南北分界線 —— 秦嶺的西安至成都的西成高鐵開通運營，全長 658 公里。

2018 年 3 月 1 日，北京至瀋陽的京瀋高鐵遼寧段開啟了自主化智能高鐵關鍵技術綜合試驗，隨後，京張高鐵、北京至雄安新區城際鐵路也開啟了智能高鐵新時代。

到 2021 年年底，中國的高鐵運營里程突破四萬公里，超過世界高鐵總運營里程的 2/3，我國成為世界上高鐵運營里程最長、運輸密度最高、成網運營場景最複雜的國家，我國高鐵動車組已累計運輸旅客超 100 億人次，成為中國鐵路旅客運輸的主渠道，我國高鐵的安全性、可靠性和運輸效率世界領先。

2. 京津城際鐵路誕生十年來運輸組織技術的創新

　　京津城際鐵路開通至今，僅就人們最直接接觸的高鐵運輸組織技術而言，中國高鐵就做了大量的創新。

　　在列車開行方式方面，中國是世界上首個建立起高速列車、動車組列車和城際列車三個種類，且實現共線、跨線、夜間運行的高鐵列車開行體系的國家。在高鐵幹線大量開行本線高速列車，同時開行跨線高速列車，單趟最長運行距離超過 2 600 公里，可實現長途旅客一次通達；實行時速 300 公里和 200～250 公里高鐵跨線運行，充分發揮高鐵成網效應；在世界上首創高鐵夜間運營模式，開行高鐵動臥，提高高鐵利用率，將高鐵競爭優勢由 1 500 公里擴展到 2 000 公里以上。

　　在運行圖編制方面，針對我國春運、暑運、節假日等時段客流量巨大且高度集中的情況，鐵路相關部門實行節假日高峰、周末和日常分號列車運行圖，實現了在不同情況下高鐵開行和客流需求的有效銜接。

　　鐵路相關部門構建了 12306 網上售票、手機購票、電話訂票、自助售取票等多種售票渠道和方式，實現了支付電子化。旅客服務系統實現了車站客運廣播、自動檢票、導向揭示、視頻監控、自助查詢和求助等業務的集中整合和協調聯動。

　　高鐵設備檢測維護體系、災害監測預警系統等利用雨量報警、大風報警、雪深報警、地震預警、落石崩塌預警等多套災害預警設備，每 10～15 天定期對高鐵基礎設施進行全面「體檢」，從而實現對高鐵固定設施狀況的動態檢測。

　　由中國鐵路總公司（2019 年 6 月 18 日改制成立中國國家鐵路集團有限公司）制定高鐵基本技術規章和專業技術規章，各地方鐵路局集團有限公司制定操作層面的規章制度，從而建立覆蓋各專業、各層面的專業規章、技術文件、作業標準和作業程序，形成了規範科學、覆蓋全面的高鐵規章制度體系。

3. 京津城際鐵路誕生十年來中國高鐵的技術攻關

　　高鐵是當今高新技術的集成，是鐵路現代化和人類文明結晶的重要標誌，反映了一個國家的綜合國力。中國高鐵發展至今，在攻克大量關鍵技術的基礎上，構建了完備的中國高鐵技術體系，覆蓋勘察設計、施工建設、裝備製造、運營管理等各個方面，總體技術水平步入世界先進行列，部分技術達到世界領先水平。

　　近年來，我國建設了一大批適應高寒、高溫、乾旱、風沙等特殊氣候環境，以及軟土、黃土、季節性凍土、巖溶等複雜地質條件的高鐵，是世界上唯一能在多種氣候條件和複雜地質環境條件下建設高鐵的國家。

哈大高鐵瀋陽至大連段通過首場暴風雪考驗　　　／楊永乾 攝影

西成高鐵從西安首發列車經過秦嶺第一個隧道　　　／牛榮健 攝影

　　我國研製了多種型號無砟軌道，建成了一批具有世界領先水平的典型線路及複雜地質隧道，建成廣深港高鐵獅子洋隧道、西成高鐵秦嶺隧道羣等萬米以上隧道 100 餘座。

　　我國擁有世界上最全面的橋樑設計建造技術和現代化施工裝備，修建了南京大勝關長江大橋、武漢天興洲長江大橋等一批跨越大江大河的世界級大跨度高鐵橋樑。

　　高速動車組技術台階式創新效果明顯。2006 年以來，我國在引進吸收世界先進動車組製造技術的基礎上，批量生產並投入運營了 CRH1、CRH2、CRH3、CRH5、CRH380 等系列高速動車組。

武漢天興洲長江大橋　　　　　　　　　　　　／何旭龍 攝影

「和諧號」動車組列車（CRH5 型）在長春客車廠的生產基地整裝待發
/ 楊暘 攝影

　　從 2013 年開始，我國全面啟動中國標準動車組研製工作。2015—2016 年，中國標準動車組先後完成了型號試驗、科學研究試驗及運用考核，驗證了中國標準動車組和關鍵系統的性能。2017 年 1 月，中國標準動車組取得型號合格證（CR400AF/BF）和製造許可證，標誌着速度為 350 公里 / 時的中國標準動車組的研製工作全面完成。2017 年 6 月，中國標準動車組被命名為「復興號」並批量投入運營。

　　「復興號」中國標準動車組在安全性、經濟性、舒適性、節能環保等方面的性能較之前的動車組有大幅提升，表現出世界一流的卓越品質。列車設計壽命增加到 30 年，能夠適應我

「復興號」動車組駕駛室　　　　　　　　　　　　　　／楊昀 攝影

國地域廣闊、環境複雜的特點，滿足長距離、高強度運行的需求；採用全新低阻力流線型頭型和車體平順化設計，列車阻力降低 7.5%～12.3%，能耗明顯下降；列車容量更大，旅客乘坐空間更加寬敞；列車設置智能化感知系統，建立了強大的安全監測系統，全車部署 2 500 餘個監測點，能夠對動車車下走行部狀態、軸承溫度、冷卻系統溫度、制動系統狀態、客室環境進行全方位實時監測。

截至 2017 年年底，我國鐵路裝備高速動車組 2 950 組，其中「復興號」動車組 72 組。

列車突破了傳統控制模式實現了智能化控制。列控系統被稱為高鐵的「大腦和中樞神經」，是保障行車安全和正點運行的關鍵系統，結構複雜、技術難度大。2004 年，中國構建了列控系統技術體系和總體框架，能夠滿足不同速度等級高速動車組列車共線跨線運行控制的需要。

牽引供電技術形成了具有中國高鐵特色的系統技術。中國研製成功大張力接觸網、高強度接觸導線和遠程監控等成套裝備，形成了能夠滿足動車長大編組、重聯運行、最小追蹤間隔三分鐘，持續 350 公里／時雙弓穩定受流和安全可靠運行的供電系統，建成了世界上規模最大的高鐵數據採集與監視控制系統，達到世界領先水平。

中國鐵路構建了中國國家鐵路集團有限公司、各地方鐵路局集團公司和車站的三級調度指揮體系。我國是世界上規模最大的高鐵成網運行的國家，掌握了複雜路網條件下高鐵列車運行計劃編制和動車組運用綜合調度技術，解決了不同動車組編組、不同速度、不同距離、跨線運行等運輸組織難題，實現了最小追蹤間隔 3～5 分鐘的運營。

4. 京津城際鐵路誕生十年來的運營管理

經過多年的建設和運營管理實踐，中國高鐵在安全性、

舒適性、運輸能力、節能環保、適用性、方便快捷等方面不斷取得突破。

安全可靠。中國高鐵建設了穩固耐久的路基、橋樑、隧道等線路基礎設施，製造了安全舒適的高速列車，建立了高效可靠的運行、調度、指揮等控制系統。經過多年的運營實踐，形成了集基礎設施、移動裝備、綜合檢測、防災減災、應急救援為一體的安全風險管理體系，確保了高速列車的安全運行。

中國高鐵實行全線封閉管理，具有先進的防災安全監控系統和完善的災害預防措施、應急救援措施，能夠及時發現和處理大風、降雨、冰雪、地震等自然災害和突發事件。

中國高鐵構建了人防、物防、技防「三位一體」的安全保障體系，加強安全風險管理和防控，每個崗位都嚴格按照標準規範進行管理、作業，充分運用物聯網、大數據、北斗衛星導航系統等現代科技手段，提高了高鐵設備檢測監測、風險預警和養護維修的智能化、科學化水平。動車組司機不僅經過嚴格選拔，而且定期參加脫產培訓及非正常情況下的模擬操縱培訓，全面提升規範化、標準化作業能力。

平穩舒適。中國自主創新的無縫線路、無砟軌道和高速道岔等技術，保證了高鐵的高平順性，旅客乘坐更加平穩舒適。中國高速動車組採用了減振性能良好的高速轉向架，車廂

內振動小。車廂內採用舒適的軟座椅，車窗大，採光好，視野開闊。全自動恆溫空調系統能夠為旅客提供適宜的車廂內環境溫度、濕度和清新空氣。動車組車廂內設有輪椅存放區、嬰兒護理桌、殘疾人衛生間等，可以滿足不同旅客的需要，為旅客提供了平穩舒適的乘車環境。動車組的地板與站台可以良好對接，旅客使用代步工具能夠無障礙地上下車。

　　運力強大。中國鐵路投入運營的高速動車組有八輛和 16 輛兩種固定編組。在客流高峰期，為了滿足旅客出行要求，鐵路部門還可將兩列八輛編組動車組重聯運行，使高鐵具有強大的旅客運輸能力。

京滬高鐵棗莊至蚌埠無砟軌道先導段施工　　　　　／丁萬斌 攝影

中國高鐵部分線路採用高密度、公交化的開行方式，極大方便了旅客出行。例如，京津城際鐵路在 2018 年實行新的列車運行圖後，每天開行的列車數量由 108.5 對增加至 136 對，旅客可以像乘坐公交車一樣隨到隨走。

節能環保。一是合理選線以保護生態環境。在線路設計時，充分利用既有交通廊道，減少對城市的分割和土地的佔用；高鐵儘量繞避沿線自然保護區、風景名勝區、水源保護區等，保護生態環境。例如，西成高鐵在穿越秦嶺山脈過程中，採取隧道羣方式穿越，隧道總長度達 110 公里，埋深在 800～1 000 米，最大程度地保護了大熊貓、羚牛、金絲猴等野生動物的棲息環境。

二是以橋代路節約土地資源。在有條件、可實施地段採用了佔地少的架橋修建高鐵的方案，與八米填高的路基相比，每公里橋樑可節約土地約 44 畝。京滬高鐵橋樑長度佔線路總長的 81.5%，哈大高鐵橋樑長度佔線路總長的 72%，京津城際鐵路橋樑長度佔線路總長的 87%，通過在高鐵的線路設計中提高橋樑比例，節約了大量土地資源。

三是高鐵車站大力採用節能技術。其牆體、屋頂選用節能新型材料，照明充分利用自然光並採用高效節能燈及智能控制新技術。例如，上海虹橋站無柱雨棚的面積達七萬平方

中鐵一局參建的哈大高鐵工程俯瞰　　　　　　　　／郭光明 攝影

米，利用雨棚屋面鋪設了 23 885 塊太陽能電池板，實現年均發電 630 萬千瓦時。

　　四是高速動車組均採用密閉式集便裝置。將衞生間污物收集到集便裝置污物箱中，到動車段（所）後，再利用地面卸污裝置集中收集處理。這樣既方便了旅客，又保護了鐵路沿線環境。

　　適應性強。中國高鐵能夠適應運輸需求。中國高速動車組有 200～250 公里／時和 300～350 公里／時兩種速度等級，座車設有一等座、二等座、商務座等車廂，還有用於長途旅行的臥鋪動車組。

方便快捷。中國鐵路部門堅持以人為本的發展理念，不斷提升高鐵服務品質，讓廣大旅客享受美好的旅行時光，不斷增強人民的獲得感、幸福感。

按照零距離換乘理念，通過精心合理的場、站佈局，中國鐵路部門建設了現代化客運樞紐和旅客中轉換乘中心，使高鐵車站與城市公交系統甚至機場連為一體，方便旅客在站內順暢換乘地鐵、公共汽車等交通工具。

中國高鐵車站各功能區的佈置以方便旅客為本，安裝了人臉識別、智能導航等先進的旅客自助服務系統，方便旅客進出站、候車和換乘。高鐵車站採用人性化無障礙設計，在通往候車室、站台等服務設施的地面設置了盲道，設有殘障人士專用服務設施，設有愛心服務區，為重點旅客提供溫馨服務。

中國高鐵積極推進「高速鐵路網＋互聯網」雙網融合，高鐵車站正在逐步實現 Wi-Fi 信號覆蓋，為廣大旅客提供互聯網信息服務；還推出了網上訂餐、接續換乘、自主選座、微信 / 支付寶支付、行程提醒、常旅客、共享汽車、便民託運等服務，使旅客的出行體驗更加美好。

第二節　中國高鐵的運營里程有多長？ [1]

截至 2018 年 12 月底，中國高鐵的運營里程有多長？可從表 2-1～表 2-4 中得知。

表 2-1　設計時速 350 公里高鐵的開行情況

序號	線路名稱		起訖點	運營里程 / 公里	
1	京滬高鐵		北京南—上海虹橋	1 318	1 318
2	京廣深高鐵	京石鄭高鐵	北京西—鄭州東	693	2 400
		鄭武高鐵	鄭州東—武漢	536	
		武廣高鐵	武漢—廣州南	1 069	
		廣深港高鐵（廣深段）	廣州南—深圳北	102	
3	京哈高鐵	哈大高鐵（哈爾濱至瀋陽段）	哈爾濱西—瀋陽	543	1 049
		京瀋高鐵（承德至瀋陽段）	承德—瀋陽	506	
4	徐蘭高鐵（徐州至寶雞段）	鄭徐高鐵	鄭州東—徐州東	361	1 033
		鄭西高鐵	鄭州東—西安北	505	
		西寶高鐵	西安北—寶雞南	167	

1　本節數據來源於鐵科院。

（續上表）

序號	線路名稱		起訖點	運營里程 / 公里	
5	滬昆高鐵（上海至長沙段）	滬杭城際鐵路	上海虹橋—杭州東	159	1 083
		杭長高鐵	杭州東—長沙南	924	
6	滬寧城際鐵路		上海—南京	301	301
7	寧杭高鐵		南京南—杭州東	256	256
8	杭甬高鐵		杭州東—寧波	150	150
9	京津城際鐵路	京津城際鐵路	北京南—天津	120	165
		京津延伸線	天津—于家堡	45	
10	津秦高鐵		天津西—秦皇島	261	261
11	合蚌高鐵		合肥—蚌埠	131	131
12	盤營高鐵		盤錦北—營口	89	89
13	哈大高鐵（瀋陽至大連段）		瀋陽—大連北	378	378
14	濟青高鐵		濟南東—紅島	308	308
合計				8 922	8 922

表 2-2　設計時速 300 公里高鐵的開行情況

序號	線路名稱	起訖點	運營里程 / 公里
1	滬昆高鐵（長沙至昆明段）	長沙南—昆明南	1 169
2	合福高鐵	合肥南—福州	852
3	成渝高鐵	成都東—重慶	308
合計			2 329

表 2-3　設計時速 250 公里高鐵的開行情況

序號	線路名稱	起訖點	運營里程/公里
1	福廈鐵路	福州—廈門	276
2	甬台溫鐵路	寧波—台州—溫州南	282
3	溫福鐵路	溫州南—福州	302
4	廣西沿海鐵路	南寧東—欽州—北海	245
5	津保鐵路	天津—保定	158
6	廈深鐵路	廈門北—深圳北	514
7	南廣鐵路	南寧—廣州南	577
8	貴廣高鐵	貴陽北—廣州南	857
9	石太高鐵	石家莊—太原	190
10	柳南城際鐵路	柳州—南寧	226
11	蘭新高鐵	蘭州西—烏魯木齊	1 776
12	淮北至蕭縣北客車聯絡線	蕭縣—淮北	27
13	大西高鐵（原太段）	原平西—太原	116
14	滬蓉高鐵（寧武段）	南京南—漢口	517
15	武九高鐵（大冶北至九江段）	大冶北—九江	119
16	西成高鐵	西安北—成都東	658
17	杭黃高鐵	杭州南—黃山北	287
18	迪新高鐵	通遼—新民北	197
19	哈牡高鐵	太平橋（不含）—牡丹江（含）	293
20	哈爾濱站改造及哈爾濱樞紐相關工程	哈齊客專哈爾濱—哈爾濱北、哈牡客專哈爾濱—太平橋、京哈高速哈爾濱西—哈爾濱	13

（續上表）

序號	線路名稱	起訖點	運營里程 / 公里
21	石濟高鐵	石家莊—濟南東	323
22	海南東環鐵路	海口—三亞	308
23	大西高鐵（太西段）	太原南—西安北	567
24	合肥樞紐南環線	肥東—長安集	39
25	成綿樂城際鐵路（江油至峨眉山段）	江油—峨眉山	315
26	哈齊高鐵	哈爾濱—齊齊哈爾南	282
27	瀋丹高鐵	瀋陽南—丹東	202
28	吉圖琿高鐵	吉林—圖們—琿春	359
29	南昆高鐵	南寧—昆明	710
30	渝萬高鐵	重慶北—萬州北	245
31	徐蘭高鐵（寶雞至蘭州段）	寶雞南—蘭州西	401
32	呼張高鐵（呼和浩特至烏蘭察布段）	呼和浩特—烏蘭察布	126
33	青榮城際鐵路	青島—榮城	316
34	寧安高鐵	南京南—安慶	257
35	長吉高鐵	長春—吉林	111
36	武咸城際鐵路	武漢—咸寧	90
37	昌九高鐵	九江—南昌	135
合計			12 416

表 2-4 設計時速 200 公里高鐵的開行情況

序號	線路名稱	起訖點	運營里程 / 公里
1	衡柳鐵路	衡陽—柳州	498
2	哈佳鐵路	哈爾濱—佳木斯	343
3	昆楚大城際鐵路	昆明　大理	291
4	金溫鐵路擴能	金華—溫州南	190
5	青鹽鐵路	青島北—鹽城	428
6	深湛高鐵（江門至湛江段）	江門—湛江	354
7	渝利鐵路	重慶北—利川	264
8	漢宜鐵路	武漢—宜昌	292
9	懷邵衡鐵路	懷化南—衡陽東	319
10	九景衢鐵路	九江—衢州	333
11	海南西環鐵路	海口—三亞	345
12	渝貴鐵路	重慶北—貴陽北	367
13	成蒲鐵路	成都西—朝陽湖	99
14	銅玉鐵路	銅仁—大宗坪	48
15	鄭焦鐵路	鄭州—焦作	70
16	秦瀋客運專線	秦皇島—瀋陽北	404
17	膠濟客運專線	青島—濟南	363
18	武岡城際鐵路	葛店南—黃岡東	36
19	鄭機城際鐵路	鄭州東—新鄭機場	43
20	莞惠城際鐵路	東莞西—常平東	100
21	鄭開城際鐵路	鄭州東—宋城路	50
22	武孝城際鐵路	漢口—孝感東	62
23	成灌城際鐵路	成都—青城山	67
24	佛肇城際鐵路	肇慶—佛山西	80

（續上表）

序號	線路名稱	起訖點	運營里程 / 公里
25	武石城際鐵路	武漢—大冶北	95
26	莞惠城際鐵路	常平東—小金口	49
27	廣珠城際鐵路	廣州南—珠海	142
	合　計		5 732

　　據中國鐵路總公司統計，從 2008 年開始，我國高鐵建設不斷加快，截至 2021 年年底，全國鐵路運營里程突破 15 萬公里，其中高鐵突破四萬公里。在中國鐵路總公司出台的 2022 年年度建設計劃中，新開工鐵路里程預計達到 3 300 公里以上，其中高鐵 1 400 公里。

第三節　六次全國鐵路大提速積累了什麼？ [1]

1. 鐵路提速的緣由

　　為什麼要提速？讓我們把鏡頭對準 20 世紀 80 年代中國改革開放後的鐵路交通。20 世紀 80 年代，我國鐵路運營速度僅為 48 公里 / 時，貨車速度就更低了。那時候，傅志寰從

1　本節根據傅志寰院士提供的資料整理而成。

北京乘火車回黑龍江省勃利縣老家，1 800 多公里的路程，加上換乘，需要花費 40 小時。列車速度緩慢，已難以適應經濟社會發展的需要。隨着高速公路的建成通車和民用航空業的發展，鐵路客運的空座率越來越高。據統計，1980—1995 年的 15 年間，鐵路運輸佔全國大交通運輸份額的百分比大幅下降，旅客周轉量從 60.4% 下降到 39.4%，貨物周轉量從 67.3% 下降到 53.7%。1996 年鐵路客運面臨的情況更為嚴峻，每天竟然有近 20 萬個空座，相當於 150 列客車空跑。鐵路虧損、效益下降的癥結在哪裏？速度是其中之一。1995 年鐵路平均技術速度為 58.3 公里 / 時，平均運營速度僅有 49 公里 / 時。當市場經濟飛速發展的時候，人們自然選擇更加快捷的交通方式。在運輸市場中，鐵路運輸所佔份額持續下滑，面臨着嚴峻的挑戰，鐵路人無不深感肩上的壓力重大。嚴酷的現實讓鐵路人紛紛意識到：不變革、不創新、不發展，就會大大落後；列車速度再不提高，乘火車的人就會越來越少，屆時鐵路何談立足之地？放眼世界，在鐵路是「夕陽產業」的叫囂中，一些國家開始拆除普通鐵路。但也有日本、法國等國家大力發展高鐵，以爭取客源，憑藉列車速度的大幅度提高，這些國家的鐵路擺脫了困境，也證明了鐵路可以帶來快捷、舒適的交通運輸。

2. 鐵路提速的歷程

　　1981 年，傅志寰在西德（德意志聯邦共和國在兩德統一前的簡稱）進修期間，經常乘坐速度為 200 公里／時的火車出行，快速便捷。但這個速度在當時的中國還只是一個美好願望。

　　提速說來簡單，但要真正推動起來卻是舉步維艱。一是缺錢，二是缺技術，三是擔心安全風險，四是中國鐵路有其自身的複雜性。20 世紀 80 年代末至 20 世紀 90 年代初，國家投資鐵路建設，平均每年只有幾十億元，1991 年新線投產僅 267 公里。因為建設客運專線的造價數倍於常規鐵路，當時唯一現實可行的方案就是對既有鐵路實施技術改造。就技術而言，儘管發達國家技術成熟、設備先進，但單純依靠購買和引進，對於中國鐵路這樣大規模、連續推進的提速工程來說，其高昂的價格在當時無論如何是承受不了的。提速前的中國鐵路，裝備較差，管理水平不高，安全風險始終居高不下。有人質疑：「中國鐵路這套設備、這班人馬，現在都難以保證安全，要提速，一旦出了事故誰負責？」此外，中國鐵路幹線運輸十分緊張，客貨列車共線運行，在同一條鐵路線上既要開行特快旅客列車，又要開行普通旅客列車，還要開行大量的低速貨物列車。在運行中，慢車讓快車，貨車讓慢車，不但影響貨車開

行，而且也降低了鐵路的整體運輸能力。這就好比在高速公路上，如果卡車大量上路，小汽車就難以快速前進；若要保證小汽車正常行駛，就得限制卡車的數量，以致影響貨運能力；倘若再允許拖拉機上路，那就更麻煩了。這就是說，各種車輛速度不一，存在「速度差」，從而帶來一系列問題。鐵路運輸與此極其類似。一旦旅客列車提速成功，而貨物列車卻難以提速，客貨列車間的「速度差」將進一步加大，會對鐵路的運輸能力產生嚴重影響。因而，客車提速對鐵路運輸組織能力的要求大幅增加。

　　提速首先是從廣深鐵路起步的。這條鐵路的提速無疑為中國鐵路提速打開了成功之門。1989 年年初，傅志寰任鐵道部科技局局長期間，曾到廣深鐵路沿線調研，認為該線路是提速試驗的好區段。它的特點十分突出：一是處於路網的盡頭，距離不長，不到 150 公里；二是以客運為主，貨運量不大；三是來往於廣州和深圳兩地之間的旅客收入相對較高，即使適當提高票價也能接受。如果白天開客車，夜間開貨車，就可避免因客貨列車「速度差」增加而引起的運輸能力降低問題。回到北京，傅志寰立即向鐵道部做了彙報，建議將廣深鐵路作為提速改造的試驗段，並專門前往鐵科院介紹有關情況，希望他們組織力量深入開展現場調查。同年，傅志寰與呂文濤合寫

了《對於我國鐵路科技發展的認識和思考》，再次提出了把廣深鐵路作為提速試驗段的設想。隨後鐵道部就此組織論證，並於 1990 年 9 月向國家計委報送《關於廣深鐵路技術改造項目建議書的報告》，最終獲得了批准。速度是個綱，綱舉目張。廣深鐵路技術改造設計將該線路的最高速度從原來的 100 公里／時一下子提高到 160 公里／時（其中新塘站至石龍站之間 20 公里設有 200 公里／時的高速試驗段），對技術裝備、試驗能力、管理水平等都提出了新的要求。為此，鐵道部組織了系列技術攻關。幾年間，開發出無縫線路的成套技術，製造了可動心軌道岔，推出了速度為 160 公里／時的東風 11 型大功率客運內燃機車、新型客車等產品，並對路基、線路、橋樑進行了改造。當時，為了檢驗新技術的可靠性，研發人員在鐵科院的環形試驗線多次組織了綜合試驗。歷時四年，經過廣州鐵路局、鐵科院等單位的努力，廣深鐵路完成准高速提速改造。1994 年 12 月 22 日，第一列准高速列車開始運營。廣深鐵路開創了我國鐵路提速的先河，由東風 11 型內燃機車牽引的「春光號」特快列車，將運行時間從原來的 2 小時 48 分鐘縮短為 1 小時 12 分鐘，列車的舒適度也大幅提升，因而深受旅客歡迎，年平均上座率高達 90%。的確，「春光號」特快列車給廣深鐵路帶來了美好的春光。但是廣深鐵路畢竟是一條特殊線

路，線路改造標準高，「白天開客車、晚上開貨車」的運輸組織模式，票價提升幅度大等不少條件都是其他鐵路線難以企及的。因此，該線路的提速模式不可能在全鐵路網普遍推廣。但廣深鐵路的提速為我國鐵路客車提速闖出了一條新路，提速過程中研發的整套新技術、制定的新標準，為此後我國鐵路全面大提速打下了基礎。

繁忙幹線提速試驗。1993 年，時任鐵道部副部長的傅志寰到哈大線檢查工作，獲悉抗日戰爭勝利前由蒸汽機車牽引的「亞細亞」號列車的最高時速已達 130 公里。相比之下，中華人民共和國成立後的特快列車卻仍未達到這一速度，為此傅志寰深感內疚。他意識到，在中國只有廣深鐵路提速試驗段是不夠的。隨後，傅志寰向鐵道部提出鐵路實施大面積提速的建議。經過醞釀，1995 年 6 月，時任鐵道部部長的韓杼濱主持召開部長辦公會議，決定在既有繁忙幹線開展提速試驗。對於中國鐵路而言，這是一個具有膽識和重要歷史意義的決定。接下來，提速工作由傅志寰牽頭，成立了以時任鐵道部總工程師的華茂崑為組長的提速領導小組，組織有關試驗。試驗首先在京滬、京廣、京哈三大幹線上展開。這三條幹線里程佔全國鐵路的 9.5%，卻承擔全路近 30% 的運量。三條幹線提速的必要性毋庸置疑，但有兩個問題需要解決：一是如何保障安全？二

是由於客車提速而貨車不能提速，彼此間「速度差」增加，可能降低線路通過能力，能否接受這個結果？鐵道部領導層當時的態度是堅定的：第一，提速必須把安全放在首位；第二，在客車速度提高到 160 公里／時後，必須保證貨運能力不降低。此外，為了控制提速改造的投資，應多上新技術，少搞土建工程。鑒於廣深鐵路的特快列車已經開通運行，積累了大量經驗，大家信心十足。

　　1995—1996 年，華茂崑先後在滬寧、京秦、瀋山、鄭武線組織了四次大規模提速試驗，對列車啟動、制動、安全等性能以及道岔形式、橋樑載荷能力、信號閉塞方式、接觸網懸架系統進行了充分的研究。試驗結論表明，在進行適當技術改造後，保證列車安全是沒有問題的。在試驗的基礎上，1996 年 4 月 1 日滬寧線上首次開出最高時速 140 公里的「先行號」快速列車，從上海到南京 303 公里，運行時間由原來的 4 小時縮短為 2 小時 48 分鐘；1996 年 7 月 1 日在 277 公里的京秦線上，開行「北戴河」號快速列車，運行時間從 3 小時 38 分鐘縮短為 2 小時 30 分鐘；1996 年 10 月 8 日在北京至大連間，開行首列長距離快速列車，運行時間從 16 小時縮短為 11 小時 58 分鐘。實踐證明：我國自主開發的技術裝備是可靠的；行車安全是有保障的；提速沒有影響貨運能力；提速改造花費也不多，

每公里大約為 100 萬元，達到了節省投資的目的。

大面積提速開始實施。在繁忙幹線提速試驗取得初步成功的基礎上，1996 年鐵路「九五」期間提速規劃開始實施。緊接着對京滬、京廣、京哈三大幹線進行整治，更換提速道岔，改平交道口為立交道口。

1997—2007 年，我國進行了六次全國鐵路大提速，具體情況如下。

第一次大提速：1997 年 4 月 1 日，我國鐵路邁出了大提速的第一步。第一次大提速在京廣、京滬、京哈三大幹線上進行。在提速里程方面，允許速度超過 120 公里 / 時的線路延長為 1 398 公里，其中 140 公里 / 時的線路延長為 588 公里，160 公里 / 時的線路延長為 752 公里。首次開行了快速列車和「夕發朝至」列車，首次開行了發到站直達、運行線全程貫通、車次全程不變、發到時間固定、以車或以箱為單位報價的五定貨運列車，優化了客貨列車開行結構。提速受到旅客的歡迎，「夕發朝至」列車被讚譽為「移動賓館」，幾乎趟趟滿員。當年即實現客運周轉量增長 7%，客運收入增長 10.1%。

這次提速是對我國鐵路傳統運輸組織方式的一次深刻

變革，不僅列車運行速度實現了飛躍，運行圖編制發生了根本變化，而且對全國鐵路的運輸組織、經營理念等產生了深遠的影響。

第二次大提速：1998 年 10 月 1 日，我國鐵路進行了第二次大提速。提速以京廣、京滬、京哈三大幹線為重點，進一步擴大了提速範圍，提高了列車運行速度，優化了運輸產品結構和運力資源配置。快速列車最高運行速度達 160 公里 / 時，首次開行旅遊熱線直達列車。提速後，以北京為中心的 1 200 公里範圍內的大城市間，基本實現了「夕發朝至」。允許速度超過 120 公里 / 時的線路延長為 6 449 公里，其中 140 公里 / 時的線路延長為 3 522 公里，160 公里 / 時的線路延長為 1 104 公里。除已提速的京滬、京廣、京哈三大幹線，京九、浙贛、侯月、寶中、南昆和蘭新鐵路的列車運行速度都有提高，快速列車最高時速達 160 公里。廣深鐵路電動車組時速達 200 公里。全路開行快速列車 80 對，比第一次大提速增加了 40 對。「夕發朝至」的列車增加到 228 列。1998 年，鐵路提速被國內 64 家產業報刊評為十大事件之一。

第三次大提速：2000 年 10 月 21 日，我國鐵路進行了第三次大提速。這次提速的重點是隴海線、蘭新線、京九

線和浙贛線，以西部地區鐵路提速為主，目的是縮短了東西部地區的時空距離。允許速度超過 120 公里 / 時的線路延長為 9 581 公里，其中 140 公里 / 時的線路延長為 6 458 公里，160 公里 / 時的線路保持為 1 104 公里。至此，初步形成覆蓋全國主要地區的「四縱兩橫」提速網絡。其中蘭新線提速里程達 3 410 公里。北京至烏魯木齊的列車運行時間比提速前縮短了 19 小時 36 分鐘，上海至烏魯木齊間縮短了 22 小時 58 分鐘。

為規範管理，適應市場需求，鐵道部重新修訂了列車分類和列車車次。新的列車將傳統的快速列車、特快列車、直快列車、普通客車、混合列車、市郊列車、軍運人員列車七個等級調整為三個等級，即特快旅客列車、快速旅客列車和普通旅客列車。概念更加準確，更便於旅客了解。

第四次大提速：2001 年 10 月 21 日，我國鐵路進行了第四次大提速。這次提速的重點線路為京廣南段、京九線、武昌至成都（漢丹、襄渝、達成）、浙贛線、哈大線。提速範圍進一步擴大，提速網絡覆蓋全國大部分省區市。允許速度超過 120 公里 / 時的線路延長為 13 166 公里，其中 140 公里 / 時的線路延長為 9 779 公里，160 公里 / 時的線路保持為 1 104 公里。進一步優化了「夕發朝至」列車的

運輸模式，改進了「夕發朝至」列車時間段，始發時間段定為 17:00—23:00，終到時間段定為 5:00—10:00，更加突出「夕發朝至」列車的運輸特點。例如，北京至廣州 T15/16 次縮短 1 小時 18 分鐘；北京至深圳 T107/108 次縮短 5 小時 15 分鐘；武昌至成都 T246/247 次縮短 5 小時 36 分鐘；大連至哈爾濱 T261/262 次縮短 2 小時 36 分鐘。至此，中國鐵路提速網絡進一步擴展，覆蓋了全國大部分省區市。第四次大提速進一步改進了運輸組織、優化了運行時刻。例如，京滬線在 18:00—20:00 時間段內連續開行四對「夕發朝至」特快列車，有的時間間隔僅為八分鐘，既提高了運輸能力，也方便了旅客。

第五次大提速：2004 年 4 月 18 日，我國鐵路開始實施第五次大提速，幾大幹線的部分線路地段速度達到 200 公里 / 時。允許速度超過 120 公里 / 時的線路延長為 16 500 公里，其中 160 公里 / 時的線路延長為 7 700 公里。主要城市間客車運行速度進一步提高，旅途時間大幅壓縮，北京至上海、哈爾濱、武昌、西安的客車運行時間分別縮短 2 小時左右。

鐵路部門創新推出「Z」字頭直達特快旅客列車，列車最高運行速度達 160 公里 / 時，途中一站不停，實行點到

點運輸。直達特快列車旅客安排在客流量較大的北京至上海、杭州、揚州、南京、蘇州、合肥、武漢、長沙、哈爾濱、長春、西安和天津到上海等城市間，實現了大城市間的旅客快捷運輸。

第六次大提速：2007 年 4 月 18 日，我國鐵路開始第六次大提速。京哈、京滬、京廣、隴海、滬昆（浙贛段）、膠濟線等既有線路有 6 003 公里速度達到了 200 公里 / 時，部分區段可達 250 公里 / 時。允許速度超過 120 公里 / 時的線路延長為 2.2 萬公里，覆蓋全國大部分省區市，客貨運輸能力分別再增加 18% 和 12% 以上。

這次大提速，不僅標誌着我國鐵路既有線路提速躋身世界鐵路先進行列，而且在許多方面實現了世界鐵路首創。一是在繁忙幹線實施 200 公里 / 時提速，提速線路延展里程一次達到 6 003 公里，部分區段速度達到 250 公里 / 時，無論是一次提速到 200 公里 / 時的線路里程總量，還是最高速度值，都走在了世界鐵路前列。二是京滬、滬昆（浙贛段）、膠濟線等主要幹線部分提速區段，既要開行 200 公里 / 時及以上動車組，又要開行 5 500 噸重載貨物列車和雙層集裝箱列車，這在世界鐵路領域是首創。三是在繁忙幹線客貨混跑、行車密度很大的情況下，密集開行 200 公里 /

時及以上動車組列車，這種運輸組織方式在世界鐵路領域是獨有的。

　　這次大提速後，在原有客運模式的基礎上，形成了新的三大系列客運產品，即動車組列車、「一站直達」或「夕發朝至」列車、普通旅客列車，以滿足旅客的不同層次需求。動車組列車主要在以北京、天津為中心的環渤海地區，以上海、南京、杭州為中心的長三角地區和以廣州、深圳為中心的珠三角地區密集開行。

　　六次全國鐵路大提速的信息統計如表 2-5 所示。從表中可以直觀地發現，最高運行速度和提速線路里程都有了很大的提升。此外，「夕發朝至」「一站直達」列車和動車組列車的開通，給出行的旅客帶來了極大的舒適和便捷。

　　六次全國鐵路大提速寫滿了鐵路人拚搏奮進的故事，從基層工人到鐵路局長再到部長，每個鐵路人都為提速貢獻着自己的力量。大面積提速與提速試驗一直在交叉進行。第一次大提速前，傅志寰發現線路和機車車輛仍有潛力可挖，遂提出在鐵科院環形線做一次衝擊時速 200 公里試驗的設想，以檢測現有設備的適應能力。經過半年的準備，改造機車和客車，調整曲線超高等，終於開始試驗。1997 年 1 月 5 日，試驗正式開始

表 2-5　六次全國鐵路大提速詳情

	第一次提速	第二次提速	第三次提速	第四次提速	第五次提速	第六次提速
時間	1997年4月1日	1998年10月1日	2000年10月21日	2001年10月21日	2004年4月18日	2007年4月18日
主要線路	京廣、京滬、京哈三大幹線	京廣、京滬、京哈三大幹線	隴海線、蘭新線、京九線和浙贛線	京廣南段、京九線、武昌—成都、浙贛線、哈大線	主要城市間的城際線	京哈、京滬、京廣、隴海、滬昆（浙贛段）、膠濟線等
最高速度	160公里/時	160公里/時	160公里/時	160公里/時	200公里/時	250公里/時
提速里程（速度超120公里/時）	1398公里	6449公里	9581公里	13166公里	16500公里	22000公里
主要特點	列車最高運行時速達到160公里	列車最高運行時速達到160公里	列車調整為三個等級，即特快旅客列車、快速旅客列車和普通旅客列車	覆蓋全國大部分省區即市；優化「夕發朝至」列車運輸模式	推出直達特快旅客列車，主要大城市間實現快捷運輸	形成三大系列客運產品：動車組列車、「一站直達」或「夕發朝至」列車、普通旅客列車

後，列車不斷加速，從司機室車窗回頭望去，列車尾部揚起線路上的積雪，構成一條長長的白龍。加速，再加速，試驗列車的速度指針不斷攀升，一直衝到 212.6 公里／時，司機室裏瞬時響起一片歡呼。中國鐵路首次實現進入「高速」的重大突破。始終跟在駕駛室的傅志寰在試驗結束後，也難以抑制內心的激動。

為了貼近運營實際，鐵路部門決定藉助環形線試驗經驗，在既有線路上進一步開展速度為 200 公里／時以上的試驗。經過多番比較，該試驗確定在鄭武線許昌至小商橋站進行，同時委託鄭州鐵路局對平縱斷面和接觸網進行適度改造。1998 年 6 月，由華茂崑主持試驗，韶山 8 型（SS8-001 號）電力機車牽引四輛新型客車，創造出了 240 公里／時的速度新紀錄。

提速以確保安全為前提。鐵路提速，安全是牽動全社會的關鍵。為化解提速風險，鐵路部門在提速改造中大量採用新的技術裝備。例如，車輛軸溫報警器、紅外線測溫儀、軌道檢查車、接觸網檢查車、信號電路檢查車等設備的普遍使用，都有助於及時發現異常情況。而「地—車」「車—地」等多種檢測裝備組成的行車監控網絡，則可實現對主要設備的動態管理，一旦出現故障，指揮機構可即時知曉並立即採取應對措施。同時，鐵路部門還在加強管理和人員培訓上也下了功

夫，通過應用 ISO 9000 質量標準體系，規範領導層、管理層和現場作業人員的行為，提高安全管理的水平，對運輸的主要環節實施嚴格監控。

為了確保安全，每條鐵路在提速前都進行了多項試驗，以發現問題，解決問題。大大小小的提速試驗前後用時十多年，沒有因為提速直接造成行車重大事故。

3. 鐵路提速帶來的改變及思考

提速改變了國人對鐵路的印象。前四次鐵路大提速的線路基本覆蓋了全國主要鐵路站線，客車平均速度提高 30%～40%，扭轉了我國鐵路運營速度長期在低水平徘徊的局面，使傳統鐵路釋放出前所未有的效率和能力，尤其是大量開行的「夕發朝至」列車，受到普遍歡迎。提速對鐵路而言，有效地遏制了鐵路客運量下滑的態勢，為提前實現三年扭虧目標做出了重要貢獻。

前四次全國鐵路大提速拉動了鐵路技術創新和管理創新。在提速期間，我國相繼開發出時速 160 公里的機車、客車及多種型號的電動車組；成功研製新型信號裝置；推出路基及橋樑加固技術；運輸組織和列車開行方案獲得進一步改進和優化；旅客服務上了新台階。

　　前四次全國鐵路大提速振奮了鐵路人的精神，鼓舞了士氣。提速成功有力地反駁了鐵路是「夕陽產業」的觀點。鐵路人在欣慰之餘，對於自己作為鐵路人也充滿了自豪。中國鐵路提速規模之大、持續時間之長，開創了中國鐵路發展先河，在國內外引起強烈反響，並為日後高鐵建設打下了基礎。可以說，「提速」是「高速」的必然準備，「高速」是「提速」的升級。從某種意義上說，沒有先行的提速，難有後來的高速。

　　第五次全國鐵路大提速使列車運行速度得到進一步提升。此次大提速推出了 416 列城際快速客車，集中在環渤海、長三角、珠三角三大城市羣，以鄭州、武漢為中心的中原城市羣，以瀋陽、長春、哈爾濱為中心的東北城市羣，以西安為中心的西北城市羣運行，適應了大城市羣內高密度客流的需求。開行了 86 列主要中心城市間的動車組快速客車，適應了中長距離旅客數量持續增長的需求，減少旅途時間。

　　第六次全國鐵路大提速展示了我國發展快速鐵路的可行性。2006 年 10 月 29 日至 31 日，鐵道部對京滬、滬杭、浙贛線下行線和京廣線上行線（長沙至北京段）進行了提速牽引試驗，重點對 200 公里／時提速區段的線路基礎、牽引供電、通信信號、運輸組織、柵欄封閉、治安環境和國產 200 公里／時及以上動車組運用操縱等情況進行全面檢查，掌握了大量試驗

數據和資料。客觀而言，我國高鐵的發展正是源於鐵路人從實踐中找到解決問題的思路和方式。隨之實施的第六次全國鐵路大提速讓中國鐵路人認識到，將既有線路列車速度提高到 200 公里／時及以上，安全上是完全可控的。鐵路已實施了提速線路的全面技術改造，線路基礎的安全可靠性有充分保障；動車組性能優越，具備 250 公里／時的運行條件，速度上有冗餘；此外，列控系統也是先進可靠的。通過一次次提速，中國鐵路人更加接近高鐵速度，中國鐵路人開始積聚起多重信心。

十年間，我國鐵路相繼實施的六次全國鐵路大提速，使中國列車運行速度越來越快，提速里程越來越多，運輸產品越來越新，運輸效率越來越高，服務質量越來越好，極大地促進了運輸生產力的發展。傅志寰在《我國鐵路提速工程的哲學思考》一文中，從工程哲學角度總結了鐵路提速的經驗：

一要認真分析鐵路「提速模式」和鐵路「運輸模式」的辯證關係，抓住鐵路提速工程的特殊矛盾，走具有我國特色的鐵路提速創新之路。鐵路提速與現有的鐵路「運輸模式」有密切的關係。有什麼樣的鐵路「運輸模式」，也就會有什麼樣的「提速模式」；反過來，鐵路「提速模式」，也會促進鐵路既有「運輸模式」的變革和發展，兩者相互

制約，相互影響。為了確定「提速模式」，就必須要對我國
國情、路情進行深入的研究，使主觀認識儘量符合客觀實
際。中國鐵路客貨列車共線運行，各種類型列車的速度、
密度、重量之間相互影響、相互制約的效應十分明顯。日
本與歐洲鐵路客運量大，重點發展的是客運專線，主要考
慮列車速度和密度對技術裝備的要求；美國鐵路客運量很
小，重點發展貨運專線並開行貨運重載列車，主要考慮的
是增加列車重量。歐美等國鐵路遇到的問題相對單純，他
們的現成經驗難以解決我國鐵路的問題，中國必須創造自
己的提速模式。由於運輸能力「飽和」，我國鐵路提速的
「一般性」挖潛已經滿足不了提速的要求。因此這種高強
度「運輸模式」決定中國鐵路提速的模式必然是「深度挖
潛」型的。多年的提速實踐證明，在我國鐵路形成的以技
術創新、運輸組織創新、安全控制創新為主要手段，以「深
度挖潛」為目的的「提速模式」既實現了提速，又增加了
客貨運量，還提高了行車密度。也就是說這種「提速模式」
促進了我國鐵路「運輸模式」從「低速度、中密度、大重量」
向更高層次 ──「快速度、高密度、大重量」發展。

　　二要正確處理「可能」與「不可能」的辯證關係，敢
於創造條件，變「不可能」為「可能」。按若干年前的標

準，我國鐵路很多線路運輸能力已經「飽和」，依傳統理論計算，列車提速是不可能的，但是我們實現了提速，這是為什麼？辯證法認為，任何事物都是相對的，因為它們的存在都是有條件的。如果條件變了，事物本身就可能發生變化。正是由於我們引入了新的管理理念和方式，對既有線路進行了技術改造，從而改變了「初始條件」，使運輸能力從「飽和」變成相對「不飽和」，使繁忙幹線提速由「不可能」變成了「可能」。我們通過創造「條件」，促使事物發生變化。當然「變」是有風險的，但只有敢「變」，才有可能取得成功。我們是在「變」的理念下，創造「變」的條件，促成「變」的實現。它是一個科學理性和工程意志相結合的過程。工程活動是一種意志性的活動，如果沒有堅強的意志，很多工程活動都不可能取得成功。

　　三要科學地處理技術引進與自主創新的辯證關係。對於提速工程來說，能否積極而妥善地處理引進技術與自主創新的關係，是一個決定成敗的關鍵性問題。加強自主創新，不是要自我封閉。我們必須堅持博採眾長，根據我國的特點加以綜合集成。一些國外的先進技術可以直接採用，但是也必須看到，核心技術是難以買到的。更重要的是，創新能力只能依靠自己長期精心培育，根本不可能買

到，而沒有創造力的產業是沒有希望的產業。引進與自主開發既是對立的，又是統一的，引進是手段，而培育自主開發能力才是目的。辦好中國的事情，歸根到底，還得靠自己奮鬥。

四要正確處理「內涵」發展和「外延」發展的辯證關係，重視走好內涵擴大再生產的路子。任何事物都具有「質」和「量」兩個方面，是「質」和「量」的統一體。內涵發展主要是立足於事物「質」的改變，「外延」發展往往是立足於事物「量」的增加。在社會發展的一定時期，兩種發展方式都是不可少的。為了節省投資和節約資源，應儘可能採用「內涵」方式，如果必須採用「外延」方式，則應儘量吸納在「內涵」發展中積累和經過檢驗的先進技術和管理方法，使「外延」成為具有新「質」的「量」的擴張。從總體上講，我國鐵路運能比較緊張，所以必須加快新線建設，捨此難以適應經濟社會發展的需要。但是也必須看到，很多鐵路線路完全可以通過技術改造和科學管理進一步把潛力挖掘出來。多年來，在鐵路提速改造中，由於儘量採用新技術，少搞「土建」工程，平均每公里投入只有 100 萬元，做到了少投入多產出。京滬線在提速改造後，在貨運能力不變的情況下，客車從 45 對提高到 66

對，增加的運輸能力相當於半條單線鐵路，而建設一條單線每公里需要投資 2 500 萬元左右，建設周期要長幾倍。由此可見，提速的經濟效益是很高的。

中國鐵路提速總是在漸進中提升自己的品質，在量變中積聚質變的力量。人們可能更傾向於觀看在勝利的一瞬間所產生的輝煌，而忽視長期摸索所積累的經驗。客觀而言，沒有前面四次鐵路大提速的技術經驗積累和人才儲備，就沒有後兩次鐵路大提速的技術提升和動車組的閃亮登場；沒有後兩次提速的高規格、重引進、強突破，中國邁向高鐵的步伐就會放緩，提速的真正意義就難以昇華到為全體人民謀交通福祉的層次。

六次全國鐵路大提速是一艘巨大的渡船，將中國鐵路從低速的此岸一路運送到高速的彼岸！

第四節　秦瀋客運專線的意義 [1]

中國鐵路人一直致力於修建屬於中國人的高鐵。伴隨着六次全國鐵路大提速的腳步，鐵道部也向國家提出了修建京滬

1　本部分內容參照傅志寰院士回憶錄和對參建者的採訪撰寫。

高鐵的計劃，但因各種原因，京滬高鐵遲遲不能開工，需要尋找替代項目。1999 年 8 月開始建設的秦皇島至瀋陽的客運專線由此成為我國高鐵試驗工程。

20 世紀 90 年代以來，京瀋鐵路山海關至瀋陽間運輸能力一直高度緊張，急需建設另外一條大運輸能力的鐵路來緩解該段的運輸能力。經過多年的反覆論證，有關設計院提出了建設秦瀋客運專線的方案。

秦瀋客運專線西起秦皇島，東至瀋陽，全長 405 公里。這條新線走向大體與既有的京瀋鐵路北段平行。起初，該線路的設計最高運營速度為 160 公里／時，最小曲線半徑為 2 500 米。1998 年 6 月，鐵道部對秦瀋客運專線的可行性研究報告進行審查。時任鐵道部部長的傅志寰看到報告後，感到標準比較低，同時考慮到京滬高鐵可能短期內難以上馬，需要一個替代工程，應抓住這一難得的機遇，把秦瀋客運專線作為高鐵的試驗線進行建設。

隨後，傅志寰與負責秦瀋鐵路建設的蔡慶華（時任鐵道部副部長）交換意見，二人不謀而合。後經鐵道部領導班子研究，決定按照更高建設標準調整原設計方案，即線下工程按 250 公里／時、線上按 160～200 公里／時及以上設計，在地形較為平坦的區段預留提速至 300 公里／時的條件；山海關至綏

中北 66.8 公里綜合試驗段的速度可設計為 300 公里／時；全線最小曲線半徑由原設計的 2 500 米增加到 3 500 米，部分地段的曲線半徑確定為 5 500 米。提高建設標準的目的在於對我國高鐵科研成果進行驗證，積累高鐵工程實踐經驗。試驗內容主要包括路基、橋樑、軌道和通信信號工程以及高速動車組。隨後，鐵道部報送了《秦瀋客運專線可行性研究報告》，並於 1999 年 2 月獲國務院正式批覆。

對於秦瀋客運專線，不少人稱之為「高鐵」，但當時高鐵發展正遇到輪軌技術和磁懸浮技術方案之爭，「高鐵」二字比較敏感，故仍稱之為「客運專線」。之後的京滬高鐵最初也是以客運專線的名義開始實施的。

秦瀋客運專線的特殊性引起了鐵路部門的高度重視。為保證這一工程達到從未有過的高標準，鐵道部組織開發了成套新技術，並由此創造了我國鐵路的多個「第一」和「率先」：路基按土工結構物的全新概念進行設計和施工，對填料、壓實、沉降變形等做出了比一般鐵路嚴格得多的規定；開發新型鋼軌及其軌道結構，研製大號碼道岔；鋪設超長無縫線路，並第一次在我國高標準線路的橋樑上鋪設無砟軌道；率先在我國鐵路建設中大範圍採用雙線混凝土箱型樑、混凝土鋼構連續樑；研製具有國際水平的 600 噸架橋機，以架設 540 噸混凝土

箱樑，其運架能力和效率創造了當時的國內新紀錄；接觸網第一次在我國鐵路上採用銅鎂合金導線，使得受流性能得以改善；牽引變電具有遠程控制和自診斷功能，實現了無人值守；信號通信系統取得突破，以車載速度顯示作為行車憑證，秦瀋客運專線是我國第一條取消地面通過信號機的鐵路；「先鋒號」動車組試驗速度為 292 公里／時，「中華之星」動車組試驗速度達到 321.5 公里／時，先後刷新我國鐵路試驗速度的最高紀錄。

2001 年 12 月開始，建設單位先在山海關至綏中北試驗，繼而又在全線開展了系列測試。大量數據表明，路基、軌道、道岔、橋樑的性能及接觸網工作狀態良好，滿足設計要求，軌道平順性檢測結果達到國際水準。

2002 年 6 月 16 日，經過建設者們三年的艱苦奮鬥，秦瀋客運專線土建工程基本完工，鋪通儀式在山海關隆重舉行。秦瀋客運專線是我國鐵路現代化的一項標誌性工程，為我國高鐵建設積累了寶貴的經驗。

2002 年 9 月 10 日上午進行了「先鋒號」動車組試驗。現場 100 多名技術人員，有的負責地面測量，有的在列車上進行測試和監控，傅志寰和蔡慶華則在駕駛室裏參與試驗指揮。當速度達到 270 公里／時時，高速公路上同向行駛的汽車瞬間被

甩得不見蹤影，而列車依然平穩飛馳，測量的有關參數均在安全限度之內。傅志寰與時任鐵道部總工程師、試驗組組長的王麟書商定再跑快一點。儀錶盤顯示速度的指針不斷攀升，280、285、290，一直衝到 292 公里／時。

與此同時，另一列自主研發的高速動車組 ——「中華之星」也在試驗中。2002 年 11 月 27 日，主持試驗的王麟書給傅志寰打電話說，「中華之星」最高試驗速度達到 321.5 公里／時，再次刷新我國鐵路試驗速度的紀錄。我國自己建設的高鐵試驗速度超過 300 公里／時，這是歷史性成就！

秦瀋客運專線高速試驗成功的消息一經新聞媒體播出，迅即引起廣泛關注。恰巧，當時上海的磁懸浮線也處於試車階段。人們自然而然地將二者聯繫起來，繼而引發了客運專線似有與磁懸浮線競爭的誤解。鐵道部曾計劃組織記者體驗北京至瀋陽的「中華之星」動車組之旅，報名者甚眾。經過反覆思量，傅志寰不得不下決心取消記者的動車組之旅。隨後，「中華之星」空載從北京駛向瀋陽，列車運行十分順利，全程僅用 4.5 小時。

時至今日，秦瀋客運專線已經運行多年，列車最高速度達 250 公里／時，深受旅客的歡迎，也令外國同行刮目相看。事實證明，這條客運專線實現了我國鐵路建設的重大飛躍。

2006 年 12 月 31 日，秦瀋客運專線與京秦鐵路、原哈大鐵路哈爾濱至瀋陽段合併為京哈鐵路，成為銜接我國華北地區與東北地區的重要通道，也是「八縱八橫」高速鐵路網中沿海通道北段的重要組成部分。

事實表明，秦瀋客運專線成了我國高鐵建設的開路先鋒，不但提供了技術儲備，積累了設計、施工和建設管理經驗，同時也培養了一大批人才。京滬高鐵等高鐵建設的骨幹大都有在秦瀋客運專線工作的經歷。秦瀋客運專線是精細管理、嚴格控制成本的典型，平均每公里造價 3 984 萬元。儘管這條線路與後來新建的高鐵相比，標準不算很高，有些技術還不成熟，但它卻為後續我國高鐵大規模的修建奠定了基礎。

秦瀋客運專線所取得的成就應歸功於廣大建設者。他們夜以繼日地開展技術攻關；他們為保證施工質量，不懼風餐露宿、日曬雨淋；他們為準確地測得試驗數據，爬冰臥雪；他們為實現「速度」的突破，屢嘗試驗失敗的苦澀並承受心理重壓；他們為確保工程質量、控制成本嘔心瀝血。時任鐵道部總工程師的王麟書、秦瀋客運專線工程總指揮郭守忠以及「中華之星」總設計師劉友梅院士為這條線路的執着堅守和忘我奉獻，至今為人們所懷念。

　　現在當我們回頭看秦瀋客運專線的貢獻，可以認為它是我國高鐵前期摸索的一次重大力量積聚。拿出一條線路先行先試的做法，自力更生的創新路徑，集中優勢兵力打殲滅戰的策略，這些無疑給以後的高鐵建設提供了值得借鑒的經驗。

第五節　自力更生與引進吸收再創新 [1]

　　我國高鐵的發展，離不開自力更生的奮鬥精神和攻堅克難的團隊。自力更生是我們國家富強的基礎，也是我們秉持的一貫作風。中國之所以越來越有大國自信，在於中華人民共和國成立後我們踏踏實實地以自力更生為本。一個民族要騰飛，任何時候都不能忽視內因的作用，不能忘卻自強的作用。只有自強，方有自信！只有自強，才有接納外界的可能！失去了筋骨的接納，最後必將演化為悲哀的依附。

　　在奔向高鐵的過程中，我國鐵路人留下了很多自力更生的故事，至今都讓人回味。自主研製的「中華之星」動車組就值得我們讚歎。

1　本節部分資料由中車長春軌道客車股份有限公司（簡稱長客股份公司）提供。

2000 年年初，鐵道部向國家計委提交「270 公里／時高速列車產業化項目報告」，同年下半年獲正式批准立項，並被正式列入國家高新技術產業化發展計劃項目。2001 年 4 月，鐵道部下發「270 公里／時高速列車設計任務書」，隨後正式開展「中華之星」高速列車的研發。2002 年 11 月 27 日，「中華之星」在秦瀋客運專線跑出了當時「中國鐵路第一速」—321.5 公里／時。但實際上從 1991 年開始，鐵道部就已經開始一個一個課題研究，把高速列車的核心部件問題逐個解決，每個課題成果匯總起來才有了最後的「中華之星」，也才能有立項僅兩年就研製出車的結果。11 年間，圍繞高速列車近 90 個重點課題的研究，為中國高速列車的後期發展積累了參考標準。

「中華之星」九大系統技術，每個部件都有一段故事。比如說車體，第一個鋁合金車體是怎麼做出來的？當時鐵路部門從德國進口了三輛列車車體的鋁合金型材，並派出幾十人到德國學焊接，考過焊接證，然後回國加工。當時製造長 25 米的車體的鋁合金型材長約 28 米，到天津後怎麼將其運到長春成為一大難題，運輸公司想盡辦法才將其運到長春客車廠（2015 年 6 月 1 日更名為中車長春軌道客車股份有限公司，簡稱中車長客股份公司）。該型材到了廠裏，由於車體太長，進不了車間，最後拆了車間門才解決。超過 20 米的車體採用的是長焊

縫，精度要求是一毫米，這就意味着鋁合金型材不能變形和彎曲。當時出口鋁合金型材的德國人得知中國人購買這些型材是用於回國試製鋁合金車體後，認為僅靠這些鋁合金型材不可能製造出車體，但德國人沒想到的是，第一台車體焊接就成功了，並通過了相關國際標準的強度試驗。核心部件牽引電機的攻關，則是從基礎材料開始研究的。牽引電機轉差率要求控制在 5% 以內，但核心問題是國內沒有合適的材料。針對這一問題，南車株洲電力機車研究所有限公司（簡稱南車株洲所。該公司於 2015 年 6 月 1 日更名為中車株洲電力機車有限公司）和中南冶金學院（現中南大學）合作進行基礎研究──材料對轉差率的影響規律。就是從這樣的基礎研究做起，加上採用國際上最新絕緣材料，我國才最終把牽引電機做了出來，而且試驗達到了使用要求。

靠這樣一點點地攻破一個個部件的研究，才有了鐵道部 2000 年向國家胸有成竹提交的《時速 270 公里高速列車產業化項目報告》。自力更生的研究成果造就了兩輛車：「中華之星」和「先鋒號」。其中，「中華之星」為動力集中型，車頭由南車株洲所、大同電力機車有限公司（2015 年 6 月 1 日更名為中車大同電力機車有限公司，簡稱中車大同公司）生產，車廂由長春客車廠、南車青島四方生產，後期作為速度 200 公里／

時的列車運行；「先鋒號」為動力分散型，由南京浦鎮車輛有限公司（2015 年 6 月 1 日更名為中車南京浦鎮車輛有限公司）聯合鐵科院、上海鐵道大學等單位聯合研發生產。運用中國人長期科研攻關所取得的成果，南車株洲所製造出速度 200 公里／時以上的「奧星」機車，出口到哈薩克斯坦、烏茲別克斯坦，在十分惡劣的環境下仍使用至今。

　　「中華之星」和「先鋒號」自主研製的重要意義是培養了一批技術人才。「中華之星」和「先鋒號」動車組研發過程中所積累下來的人才與技術基礎，成為後來高鐵技術引進吸收再創新的關鍵因素之一，並在我國的標準化動車組自主研發過程

行進中的「中華之星」高速列車　　　　／由中國國家鐵路集團有限公司提供

中起到至關重要的作用。當年參與過這些子課題研究的人，包括丁榮軍院士和田紅旗院士，對後來中國高鐵的發展都是功不可沒的。這批人，既是「中華之星」和「先鋒號」研發的主力軍，也是鐵路大提速、高鐵技術引進不可缺少的人才，直到現在都是我國高鐵研究領域的關鍵人物。從 1990 年中國鐵路人對高鐵幾乎一無所知，到各個課題的逐漸攻克取得的成果，再到國家「八五」「九五」兩個五年計劃，我國自力更生培養起來的一大批骨幹為我國高鐵事業做出了巨大貢獻。

「中華之星」和「先鋒號」的研製也為我國高鐵部件的產業化奠定了基礎。比如齒輪箱，現在「復興號」動車組齒輪箱的製造單位中車戚墅堰機車車輛工藝研究所有限公司（簡稱中車戚墅堰所），當時就參加了「中華之星」和「先鋒號」的研製，從齒輪開始到齒輪箱的科研攻關，最終形成產業。他們從 2004 年引進技術後做出國產第一代齒輪箱，到做出「復興號」動車組的齒輪箱，充分體現了「八五」「九五」項目中自力更生的精神，為我們國家高鐵技術的提升打下了基礎。回望我國高鐵走過的道路，沒有自力更生積累的技術經驗和技術人才，僅靠市場換技術，我國高鐵不可能走到今天。

筆者曾多次去中國中車的下屬企業參觀採訪，在基層生產車間，你會被每位員工所感動，他們留給我的印象極其深

刻。作為中國鐵路人，他們大多受過多年愛崗敬業的教育，有的技術人員年齡雖小，也把鐵路自力更生的傳統繼承了下來。

但客觀而言，中國高鐵僅靠自力更生還是遠遠不夠的。一個民族的強盛需要不斷借鑒人類文明的成果，我國也不例外。中國高鐵發生質的飛躍，引進國外高鐵技術起了很大的促進作用。

2003 年 6 月 28 日，鐵道部正式提出鐵路跨越式發展的路線方針，2003 年 11 月鐵道部審議通過《加快機車車輛裝備現代化實施綱要》。2004 年 4 月國務院印發《研究鐵路機車車輛裝備有關問題的會議紀要》，明確提出「引進先進技術，聯合設計生產，打造中國品牌」的總體要求，確定了引進少量原裝、國內散件組裝和國內生產的項目運作模式，開啟了中國高速列車引進吸收再創新的發展新路。2004 年 7 月 29 日，國家發展改革委與鐵道部聯合印發了《大功率交流傳動電力機車技術引進與國產化實施方案》和《時速 200 公里動車組技術引進與國產化實施方案》。根據實施方案，在引進中要堅持「先進、成熟、經濟、適用、可靠」的技術標準，由鐵道部統一招標，引進核心技術進行消化吸收再創新。

2004 年以來引進的高鐵技術中最核心的是國外高速動車組的製造技術。一方面是製造設備的引進，在國家的支持

下，南車青島四方、長春客車廠、唐車公司等工廠直接到德國西門子等公司參觀考察，這些公司使用什麼設備，國內就採購同一品牌的最新設備。另一方面是國外製造經驗的引進，這對提升我國高鐵的製造技術有很大的促進。在引進之前，我國自主研製的動車應該稱為樣車，更注重的是研發過程，但是從研製到量產有很大不同，引進國外高鐵技術對動車量產起到了很大的作用。此外，國外先進的工藝、驗收和管理等經驗也對我國高鐵技術的提升提供了幫助。

假若沒有自力更生的基礎，我們只能實施「拿來主義」；假若沒有自力更生養成的韌勁，中國高鐵不能獲得恆久的發展，甚至會半途而廢；假若沒有自力更生，我們也不會那麼快捅破高鐵技術的最後一層窗戶紙，並最終領先和超越世界高鐵技術、形成中國自己的標準。

第六節　學習與超越[1]

中國高鐵的發展過程中充滿了有趣的故事。除了一般人乘坐高鐵時欣賞高鐵之美外，還有專門的高鐵迷們長期圍繞着

1　該節部分資料由中車唐山公司提供。

高鐵題材進行創作。在筆者身邊，既有迷戀高鐵的鐵路人，也有其他行業的朋友。他們迷戀高鐵的速度，迷戀高鐵外的風景，迷戀高鐵在中國的發展，也迷戀高鐵建設過程中出現的龐然大物 —— 高聳的車站、平整的道牀。高鐵處處惹人醉，高鐵處處引起人們的共鳴。高鐵在中國開行了多少年，摯愛高鐵的這些人，就用文字、音樂、攝影、繪畫等方式表達了他們多少年的喜愛，未來的中國高鐵還會吸引更多觀賞者、迷戀者和讚美者！

曾記得人民鐵道報社的一位女編輯，她以細膩的筆觸勾畫出高鐵的點線面，高鐵在她眼裏是一幅完美的畫卷。人民鐵道報社原社長王雄，早年是一位作家，懷着對鐵路的癡情，書寫高鐵發展的全貌，他的《中國速度》贏得很多中外讀者的青睞。還有許多鐵路新聞工作者，懷着對高鐵的親近，傳承着鐵路人對鐵路文化的熱愛，延伸出當代鐵路人對高鐵的驕傲！

還有一位鐵路技術刊物的編輯，專業上的嚴謹配上他對攝影藝術的執着，多年來拍攝了大量與高鐵有關的照片。從他拍攝的照片裏可以看出他的拍攝角度是那樣巧妙而精準。一幅圖就是一個故事，一次拍攝就是對高鐵的一種概括。他拍攝的在大長線路上奔跑的動車，遠看是一幅畫，好像來自仙境。這

樣的情懷引領他拍攝中國的高鐵，拍攝國外的高鐵。後來，他甚至離開編輯崗位，自費去有高鐵的國家拍攝該國的高鐵設施，拍攝高鐵與城市的關係，拍攝高鐵給一個國家帶來的變化，從而抵達屬於自己內心的藝術境界。他把各具特色的高鐵車站照片做成台曆，把各國的火車頭照片做成畫冊，把動車組做成模型。他醉心於中國的高鐵發展，把追逐中國高鐵的軌跡作為自己的事業，可謂從享受快樂中獲得人生的滿足。

如果你認為只有鐵路人才會這麼執着，那你就錯了。中國高鐵不僅吸引了眾多鐵路專業人員和媒體人員的關注和熱愛，而且也吸引了鐵路行業以外的人。有一位著名歌唱演員，多次找我創作描寫高鐵之美的歌詞。她自費排演和拍攝了反映高鐵的歌舞視頻。還有一位詞曲作家，寫了幾十首詩詞讚美高鐵，字斟句酌，仍認為自己寫出的詞曲不足以表達對高鐵的崇敬之情。

中國高鐵，是讓中國人提氣增神的出行工具。中國高鐵刺激了無數人的神經，也讓藝術家大發豪情。這些藝術作品，讓人感受到高鐵的力量就是「飛翔」的力量，展示了中國人的「飛翔」願望。

中國高鐵為什麼能獲得這麼多人的喜愛？是中國人勇於向外國先進技術學習的結果，也是超越外國技術的結果。學

習是超越的前提。只有實現「你無我有，你有我強，你強我先」，中國高鐵才能真正做到領跑世界。中國標準動車組的誕生與發展就是中國高鐵學習與超越的一個縮影。

　　中國對國外動車的學習不是生搬硬套，而是對國外列車進行中國式改造，使其適應中國水土。典型的例子是 CRH5 型車，這款車由長春客車廠引進法國阿爾斯通公司技術生產。但阿爾斯通公司提供的原型車設計上存在局限，因此這款車型的初期故障率很高。後來經過南車青島四方和長春客車廠共同改進才解決問題。從日本引進的 CRH2 型車，後來發展出 CRH2A、CRH2B、CRH2C 到 CRH2E 等車型，但這些車型的有些技術不適合中國，比如說制動技術，在日本使用的是液壓制動系統，而國內都是氣壓制動系統，中國就對其進行了改造。中國高鐵在引進過程中，最初急於引進，因而缺少頂層設計，四個平台就有四個標準，南車青島四方、唐車公司、長春客車廠分別與龐巴迪公司、日本川崎重工業株式會社（簡稱川崎重工）、德國西門子公司和法國阿爾斯通公司合作，聯合設計生產了 1 型車（CRH1）、2 型車（CRH2）、3 型車（CRH3）和 5 型車（CRH5）。這些車型的技術路徑、技術標準各不相同，具有四種不同的技術平台。製造技術可以引進，但核心設計、基礎研究不能引進，核心

部件只能由德國西門子公司等提供，控制軟件、控制系統也都在外國公司手上。在這樣的背景下，運輸安全也是問題，同時中國高鐵引進外國技術也遇到很多尷尬，各種車體各成一體，旅客界面、司機操作界面、動拖比例等都不一樣。不同型號動車組存在很多差異，不能實現互聯互通、難以互為備用，一旦發生故障難以迅速轉換。零部件型號多，檢修維護複雜、檢修維護成本高。比方說，同一種零件要準備至少五種型號，購買成本高不說還佔地方，但又不能不備。

面對諸多問題，中國開始琢磨研製自己標準的動車組。

2013 年 6 月，中國鐵路總公司正式啟動「中國標準動車組研製項目」，準備建立中國自己的標準、做到標準統一化，解決高鐵的技術問題。在此之前，從 2012 年開始，在鐵道部的主導下，由鐵科院牽頭，聯合了原中國南車、中國北車等企業，以及西南交通大學、北京交通大學和中國科學院等高校及科研單位，共同開展了中國標準動車組研製工作。2013 年 12 月完成總體技術條件制定，2014 年 9 月完成方案設計，2015 年 6 月下線。2017 年 1 月，中國標準動車組取得型號合格證和製造許可證。2017 年 2 月 25 日，在京廣高鐵，中國標準動車組樣車投入載客體驗運營。2017 年 6 月 25 日，中國標準動車組有了一個響亮的名字 ──「復興號」動車組。2017 年 6 月

26 日 11 時 05 分，兩列「復興號」中國標準動車組率先在京滬高鐵正式雙向首發。

中國標準動車組研發團隊用近四年的時間，堅持自主創新、深度掌控、正向設計的理念。在研發階段，他們披星戴月，上下求索；在試驗階段，他們無問寒暑，以車為家，構建了體系完整、結構合理、先進科學的高速動車組技術標準體系。他們是新時代的高鐵設計師，是黃大年科研精神的優秀傳承者。「復興號」動車組的運營為旅客提供了更加便捷的出行條件和更加舒適的出行環境，極大地增強了我國高鐵的國際話語權和核心競爭力。

由於設計工作傑出，中國標準動車組研發團隊先後榮獲

「復興號」動車組　　　　　　　　　　　　　　　/ 楊暘 攝影

中華全國鐵路總工會授予的火車頭獎盃、中國外觀設計金獎、中國中車科學技術獎特等獎以及「黃大年式科研團隊」榮譽稱號。目前，這個團隊繼續研發更加智能、舒適、環保、人性化的動車組，為打造中國製造的亮麗名片而孜孜以求。

中國標準動車組是在積累基礎上的創新，也是在引進學習基礎上的創新。高速動車組誕生半個多世紀以來，由於技術無法突破，普遍採用相對固定的編組方式。我國此前的動力分散型動車組，都是採用八節或 16 節車廂固定編組方式，只能整列運營、整列檢修。但鐵路運輸有客流淡旺季之分，春運期間客流量和日常客流量差別巨大。固定編組動車組不可拆編，不能增加車廂以應付客流高峰，也不能減少車廂以減少支出或避免運力浪費，從而客流和運能常常成為瓶頸。2019 年 2 月 22 日，我國首列可變編組動車組在中車唐山公司完成全部 60 餘項廠內試驗，通過獨有的可變編組驗證，具備出廠條件。可變編組動車組是中國中車工業平台化系列動車組的第一款產品，被讚譽為動車組中的「變形金剛」。目前，該動車組已申請專利近 80 項，榮獲中國優秀工業設計獎金獎和中國設計智造大獎。

在此基礎上，中車唐山公司研發團隊踐行工業設計與製造業深度融合的理念，突破了牽引動力系統集成、網絡控

制、車端連接等關鍵技術，利用模塊化、集成化、單元化設計，打破了高速列車固定編組模式，對動車組設備、功能和結構進行重新設計和定義，研製出雙層座車、大定員縱向臥鋪車、臥式 VIP 車、座臥轉換臥鋪車、餐車及快件運輸功能車、商務座車、餐貨和客貨合造車等全新車型。

可變編組動車組最小編組單元為二節，即兩個動力頭車相接。面對客流變化，如要擴大編組，則根據速度和功率核算出效率最優搭配，在 2 至 16 節範圍內隨意變換搭配動車和拖車車廂，快速定制不同開行速度等級、編組數量和座席配置的動車組列車，像「搭積木」一樣靈活。在客流

可變編組動車組　　　　　　　　　　　　　　　／由中車唐山公司提供

可變編組動車組雙層二等座車

可變編組動車組座臥式 VIP 車

可變編組動車組座臥轉換臥鋪車

可變編組動車組餐車及快件運輸功能車

可變編組動車組商務座車

可變編組動車組部分車型內部結構　　　　　　　/ 由中車唐山公司提供

量大的地區，可使用雙層、長編組、大運能動車組；在經濟發達地區，可採用舒適、空間大的短編組列車；在客流量少的地區，可採用短編組列車。可變編組動車組通過自身的「七十二變」，可以靈活應對客流起伏與旅客需求，顯著提高了動車組列車的性價比和實用性，順應了人們對美好出行生活的嚮往。置身列車之中，更能體會到可變編組動車組「聰明智慧」「五臟俱全」「煥然一新」「經濟舒適」的全新設計理念。基於動車組的智能化網絡控制系統，在變換搭配車廂時可自動識別編組配置，旅客可以享受大件行李智能存放、智能點餐等功能，在實現全列車 Wi-Fi 信號覆蓋的同時，臥鋪車廂旅客可以根據需要自行調節鋪席燈光及影視系統……大幅提高了旅客舒適度。大定員縱向臥鋪車、雙層座車和商務座車在載運能力上，比常規高速動車組分別增加 50%、33% 和 70%，可在淡季增加票價浮動空間，在旺季大幅提升運力應對客流高峰。同時，可變編組動車組還在餐貨和客貨合造車下層增加了獨立貨倉，可實現小型保溫、冷藏集裝箱及快件、行包快捷運輸功能，填補動車組貨運的空白，這將對生鮮產品運輸、醫療衛生急救等物流行業產生深遠影響。

　　中國高鐵動車組在製造形式上的探索，是中國高鐵在學習基礎上不斷超越的縮影。中國高鐵在學習國外先進技術的同

時，不斷融入中國獨具特色的創新智慧，在工程建設、動車製造和行車控制等領域，獲得了比較優勢。目前，我們完全可以自豪地說，中國高鐵擁有了可以擺脫國外高鐵技術控制的中國標準，中國標準從某種意義上引領和規範着世界標準，成為中國鐵路人的驕傲。

第三章

誰給高鐵插上「飛翔」的翅膀

　　工程建設、動車製造和運營管理是我國高鐵發展要攻克的關鍵環節。只有經歷過我國高鐵發展的鐵路人才會明白，每一個環節裏藏着多少溝溝坎坎，需要攻克多少難題，又書寫了多少奮鬥者艱難攀登的故事！在每一個領域，都有技術的積累、引進與創新；在每一個領域，都有可歌可泣的故事，令人唏噓的細節；在每一個領域，都能感受到中國人的志氣、中國人的拚搏及中國人的韌勁。

　　是誰給高鐵插上了翅膀？是中國鐵路人！勤勞能幹的鐵路人，為我國高鐵建設的設計、施工和製造披荊斬棘、奮勇直前。

　　工程建設無疑是最基礎的工程。高速動車運行的高平順性要求較以往的普速鐵路要有很大的提升。這就意味着設計的突破、施工質量的提升、外觀美感的昇華。在短短的十幾年內，我國能一躍成為世界第一高鐵大國，高鐵工程建設功不可沒。中國高鐵工程人員以奉獻精神常年在鐵路工地上櫛風沐雨，是他們給中國高鐵的發展奠定了基礎。沒有這些風餐露宿的工程人員，沒有這些與家庭長期分離生活的「流浪漢」，就沒有中國高鐵整齊的大橋、高大的站房、平整的軌道；沒有這些默默無聞的奉獻者，就沒有高鐵出入隧道口時的平穩、旅客在站台上享受風景的灑脫以及出行中的舒適。

　　平穩舒適的高速動車讓我們的旅行變成一首舒暢的歌，
而這舒暢的背後是幾代動車製造者的孜孜以求。為了儘快引進
國外動車製造技術，他們組成學習團隊到國外學習，在幾百
萬張圖紙中梳理、總結技術經驗；他們不放過任何一個疑點，
在數萬個電線接頭中保持着幾乎不可能達到的低差錯率；他們
通過數不清的試驗，設計出運行得既快捷又安全的流線型動車
車廂，又通過一次次的創新，對引進的國外動車注入中國基
因。中國動車製造者的貢獻不僅在於使車型美觀，更在於其後
蘊藏着的積極探索、永爭一流的精神。

　　運營管理包含着運營控制和運輸管理。而運營控制的
提升是中國高鐵值得稱讚的一環。中國高鐵如果沒有技術升
級後的列控系統，就如同人失去了大腦一樣，無法想像。在
「7‧23」甬溫線特別重大鐵路交通事故之後，中國高鐵的運
營組織能力得到快速提升，這也是中國高鐵雄立於世界的最
有力保證。中國高鐵在運輸管理上構成了協調一致的體系，
形成高規格的管理系統，讓每一個旅客都能感受到中國高
鐵的服務品質。運營控制的提升和運輸管理上的高品質是
軟件映襯硬件的體現，讓中國高鐵的品質變成自然、唯美
的藝術品。

第一節　為高鐵聯動機奉獻的建設者

　　對一般的高鐵旅客而言，能直接接觸的是高鐵站房和站台、動車和車廂，很少有人去考慮承載高速動車「飛翔」的線路、線路下面的軌道、穿過山洞的隧道以及大橋。這些鐵路工程是高速動車「飛翔」的基礎設施。我國高鐵能享譽世界，這些默默無聞的工程項目的功勞何其大哉！高鐵是綜合系統，沒有線路的平穩，高速動車不會也不敢以那麼快的速度行進；沒有工務、車務、機務、電務、車輛等各個系統的聯合運行，高鐵就只是一個虛無的概念。為了克服各種地質條件下的鐵路建設難題，中國鐵路建設者成為高鐵建設的尖兵。在高鐵這部大聯動機上，除了和旅客接觸的部分工作者外，更多的是默默無聞、無私奉獻的建設者。

　　在參加京滬高鐵建設的過程中，我有幸見證了中國鐵路人是如何用辛勤的汗水譜寫一曲曲勞動之歌的。

　　京滬高鐵總投資額超 2 000 億元、全長 1 318 公里、設計運營速度為 350 公里／時。京滬高鐵工程，是僅次於長江三峽工程的世紀工程。京滬高鐵投入運營後，北京到上海全程運行時間不到五小時，與原來的特快列車相比，運行時間縮短約十小時。

2008 年 4 月 18 日上午，京滬高鐵開工典禮在北京大興京滬高鐵北京特大
橋橋址隆重舉行　　　　　　　　　　　　　　　　　　　／周德民 攝影

　　京滬高鐵是 2008 年 4 月 18 日開工的，比京津城際鐵路開
通運營（2008 年 8 月 1 日）還早三個多月。儘管中國鐵路人
對高鐵有了初步認識，也有了六次全國鐵路大提速和秦瀋客運
專線的初步積累，但尚未有清晰的認識。建設工程對中國中鐵
股份有限公司（簡稱中國中鐵）和中國鐵建股份有限公司（簡
稱中國鐵建）這樣的老牌鐵路施工隊伍而言都是一種全新的挑
戰，更別說初試身手的中國水利水電建設股份有限公司（簡稱
中國水電）等參建單位了。開工伊始，建設單位、設計單位、
監理單位和施工單位無一例外都組織了嚴格的學習。在每一次
學習中，無論是白髮蒼蒼的老工程師，還是剛出校門的大學

生，他們都像小學生一樣，懷着忐忑之情，肩負着對祖國的責任，以工程人的韌勁去攻克一個個技術堡壘。當時筆者在京滬高鐵濟南指揮部工作，負責滄州至徐州這一段的施工方案。高鐵開工之前，指揮部的人員已經在這段線路上徒步了好幾個來回。462 公里的線路灑滿了眾人辛勤的汗水。對這段線路的每一座山丘、每一條河流、每一處煤礦、每一個文物點，大家如數家珍。晚上工作到十一二點再返回駐地成為家常便飯，再苦再累，大家都毫無怨言。這是高鐵的神祕在吸引着大家，是高鐵的偉大在召喚着大家，是早日修通高鐵向全國人民彙報的期待在激勵着大家，也是鐵路人的責任感、榮譽感在驅使着大家。回顧在京滬高鐵工作的日日夜夜，依然激動不已。作為一名京滬高鐵的建設者，好像有一份莫大的責任填築在腦海，又好像有使不完的力量在推動着自己前進。

當時，世界高鐵技術最先進的國家有德國、日本和法國。法國高鐵最高運營速度為 320 公里 / 時，是當時世界高鐵運營速度之最。中國京滬高鐵運營速度為 350 公里 / 時，將超過法國高鐵運營速度，成為世界高速動車運營速度新紀錄。這就要求京滬高鐵必須突破工程技術上的很多技術壁壘。「京滬高鐵的建設，對於中國鐵路施工的技術、裝備、生產力將全面提升，也必將揭開中國鐵路建設史的新篇章。」這是中鐵一局

集團公司技術研發中心總經理、京滬高鐵項目部副經理李昌寧發自肺腑的一番話，從這番話中也能隱約感受到他對能夠參加中國第一條穿越南北的高鐵建設的那份自豪感！

中鐵一局承建了京滬高鐵土建二標段的路基、無砟軌道、橋樑等項目，這些項目的科技含量之高、標準要求之嚴、技術難度之大，是該局歷史上所參建的任何鐵路項目都不能比擬的。

軟弱土路基施工是中鐵一局面臨的全新挑戰。中鐵一局京滬項目部管段內的軟弱土主要集中在濟南和德州之間，對於類似土層比較鬆軟的地質狀況，要是在其他普速鐵路，技術人員有豐富的處理經驗，但京滬高鐵對路基和橋墩的沉降量要求非常嚴。為了達到要求標準，項目部各工區在橋墩施工時，四周全部封井，等橋墩做好後，在每個橋墩都設置沉降標誌，利用觀測軟件分析橋墩沉降，一直觀測到鋪設無砟軌道板。嚴格的控制標準確保了軟弱土路基的質量。筆者當年踏勘德州東站施工現場時，那裏還是一片田野。德州東站站場及區間路基設計全部採用水泥粉煤灰碎石（Cement Fly-ash Grave，CFG）樁，全管段 CFG 樁共 57 797 根，合計約 140 萬延米（即延長米，是用於統計或描述不規則的條狀或線狀工程的工程計量，如管道長度、邊坡長度、挖溝長度等）。中鐵一局京滬項

目部員工奮勇爭先，努力拚搏，於節點日期內完成全部 CFG 樁施工。工地開展了「大幹 120 天勞動競賽」，德州東站 CFG 樁施工曾創造了連續日產超萬米的驕人成績。時任鐵道部副部長的盧春芳對中鐵一局德州東站 CFG 樁施工團隊在進度、質量和施工定位方面做的工作讚賞有加，將德州東站施工段定位為其他標段觀摩的樣板。

中鐵一局的無砟軌道施工也是京滬高鐵全線施工的一個縮影。中鐵一局集團公司京滬高鐵項目部總工程師王建興說：「由於京滬高鐵開通後速度高，為了達到『高平順性、高穩定性、高安全性、高舒適性』的『四高』要求，軌道必須穩定，對沉降量的要求非常高。普通鐵路是有砟道牀的，運營速度不高，沉降量可以用道砟彌補，但是對於高鐵來說，稍微不平順就無法滿足列車的高速運行。」

京滬高鐵採用國際上最先進的無砟軌道施工新技術。II 型軌道板是京滬高鐵施工的又一技術難點，國內僅在京津城際鐵路使用過，施工技術在國際上領先。為了保證動車組的平穩運行，II 型軌道板的生產標準和技術要求非常高。具體而言，II 型軌道板混凝土標號為 C60，最終強度將達到 C80，不僅需要在正規廠房裏生產，而且板面混凝土還要用大型數控機牀進行打磨，打磨精度為 0.1 毫米。

京滬高鐵無砟軌道　　　　　　　　　　　　　　　／丁萬斌 攝影

　　濟南黃河大橋工程是中鐵一局標段的施工難點工程。投資九億多元、全長 5 134.4 米的黃河大橋，是京滬高鐵全線六個標段的重點控制工程之一，也是京滬高鐵的第二大橋。這座鋼桁樑大橋填補了中鐵一局的施工空白。

　　中鐵一局京滬高鐵土建二標十工區（橋樑公司）承擔了濟南黃河大橋的施工任務。濟南黃河大橋主橋設計為鋼桁樑、柔性拱、大跨度（3 跨 168 米）、四線橋。最大孔樁直徑為 2.5 米，最深孔樁達 117 米，是京滬高鐵最深的鑽孔樁，最大承台混凝土 6 000 立方米，全橋高強螺栓有幾萬個。臨時和正式用鋼量達七萬噸，比奧運會場館「鳥巢」的四萬噸用鋼量

還多出三萬噸。

　　參與大橋施工的橋樑公司總工程師唐德賢格外重視濟南黃河大橋施工方案的研討和論證，多次邀請知名專家優化施工技術方案，對濟南黃河大橋鋼桁樑拼裝、大直徑鑽孔樁、深基坑、大體積混凝土施工難點的每一處技術方案進行周密研究和審核。施工隊伍連續攻克了大孔徑深水鑽孔樁、大方量混凝土承台施工等技術難題，取得了大橋下部施工多項科技成果。濟南黃河大橋大型鋼桁樑拼裝成功、全橋建成後，填補了中鐵一局建橋史上的空白，極大地提升了中鐵一局的建橋施工技術水平。濟南黃河大橋的施工不僅使中鐵一局的施工隊伍得到鍛煉，更為全線提供了施工樣板。

　　京滬高鐵上比濟南黃河大橋更加奇絕的是南京大勝關長江大橋[1]。

　　南京大勝關長江大橋全長 9 273 米，位於既有南京長江大橋上游約 20 公里處，已建成的南京長江三橋位於本橋位下游 1.55 公里處，是京滬高鐵及滬漢蓉鐵路於南京跨越長江的越江通道，同時應南京市政府的要求還要搭載南京市的雙線地

1　有關南京大勝關長江大橋的部分內容根據中鐵大橋局集團有限公司（簡稱中鐵大橋局）提供的相關資料改寫。

2013 年獲得國家優質工程銀獎的濟南黃河大橋　　　　　/ 丁萬斌 攝影

南京大勝關長江大橋　　　　　　　　　　　　　　　/ 丁萬斌 攝影

鐵。南京大勝關長江大橋建成後的技術標準為：京滬高鐵雙線——旅客列車設計行車速度 300 公里／時，設計荷載為 ZK 活載（活荷載的簡稱）；滬漢蓉 I 級幹線——客貨共線，客運列車設計行車速度 200 公里／時，設計荷載為中－活載；南京地鐵——行車速度 80 公里／時，設計荷載為 B 型車輛活載。該橋設計速度高，設計速度目標值 300 公里／時，處於世界先進水平；設計荷載重，主橋恆載約 92 噸／米；主橋跨度大，最大跨度為 336 米；採用了大量新材料、新結構、新設備、新工藝。僅從這些龐大的數據，就可以感受到南京大勝關長江大橋的恢宏氣勢。而建設這樣一個龐然大物，無疑需要耗費前所未有的心力！

開工前，中鐵大橋局項目部未雨綢繆，成立了「南京專家組」。超前組織開展鋼圍堰製造加工、鋼護筒插打、鑽孔樁施工等重要分項、分部工程施工技術方案和工藝深化研究工作，形成經驗指導後續施工。

隨着施工推進，中鐵大橋局的十八般武藝也一個個展現。

先看看鋼圍堰下水的故事。南京大勝關長江的橋位處，也是國家一級航道，上千船舶在此穿行或停靠碼頭。這裏常年波濤滾滾，千帆競發。每年的 7 月和 8 月處於長江的夏汛期。2006 年年初，為了搶佔枯水期的時機，南京

大勝關長江大橋的 6 號、7 號、8 號主墩先後開工，經過技術專家組的研究論證，打破常規，採用了「先圍堰、後平台」的施工方案，做好了充分的技術保障。項目部因地制宜，選擇了在橋位上游五公里處的華江船廠製造鋼圍堰。由於鋼圍堰體積大，自重達到 6 000 噸以上，無法採用常規方法運到墩位處，經過專家組論證，決定採用氣囊法整體下水。黑色的氣囊沿鋼圍堰兩側對稱佈置了兩排，起到承託鋼圍堰的作用。氣囊按對稱、分散的原則進行充氣，直至達到設計工作高度。最後，鋼圍堰在自重的作用下由氣囊滾動加速沖入水中。

　　再來看看大型雙壁鋼圍堰接高與下放的故事。鋼圍堰接高的難度當推 8 號主墩為最大，中鐵大橋局創造了一個奇跡。8 號墩底節鋼圍堰下水、浮運、定位並插打定位鋼護筒後作為鑽孔樁施工平台。鑽孔樁

南京大勝關長江大橋 6 號主墩施工現場
／趙志剛 攝影

施工完成後，需接高中節鋼圍堰，並整體下沉至設計位置進行封底和承台施工，承台施工完成後根據實際施工水位接高頂節鋼圍堰以保證墩座和墩身順利、安全施工。中節鋼圍堰高 9.3 米，重約 1 400 噸，主要由吊點吊杆、頂層內支撐桁架及側板等組成，採用工廠單元件製作、組拼，運輸至墩位，在底節鋼圍堰頂分塊對稱拼裝接高。頂節鋼圍堰高 3.2 米，重約 100 噸，主要由側板及斜撐組成，採用工廠單元件製作，汽車運輸至起重碼頭下水，船運至墩位，利用浮吊進行接高施工。

南京大勝關長江大橋水中鑽孔樁施工　　　　　/ 趙志剛 攝影

2008 年 10 月 5 日，在完成了 8 號主墩全部 46 根鑽孔樁的施工後，施工人員便馬不停蹄地進行後期的施工。根據施工組織設計，鋼圍堰整體下降一定高度後，進行吸泥、樁頭清理和鋼圍堰的接高。整個鋼圍堰的接高過程於 10 月 25 日正式開始，施工人員根據接高方案，先進行支架、桁架和吊杆的安裝，再焊接側板和其他附屬件，等側板全部安裝好並補焊完成後，鋼圍堰就正式成型了。8 號主墩鋼圍堰的難度主要表現在幾個方面：首先，它是在鑽孔樁全部完成、圍堰整體下降後進行的，與接高工作同時進行的還有鑽孔樁的吸泥和樁頭清理等工作，多項作業進程同時進行，使現場作業條件非常複雜，伸出的護筒、吸泥作業的設備等，都對鋼圍堰的接高工作產生了一定的影響，增加了施工難度。其次，鋼圍堰側板的焊接量非常大，焊縫很長，對質量的要求也相當高，而緊迫的工期和「高標準、高質量、高效率」的建設要求，容不得焊接質量出現半點偏差，施工人員對全部焊縫都及時用煤油滲透進行水密封檢查，以確保焊縫百分之百合格，萬無一失。

接高工作完成後，8 號墩圍堰全重達 5 000 噸，整體長 80 米，寬 38 米，這個龐然大物是靠施工人員一條一條地焊接起來的，這是大橋人創造的又一個奇跡。

　　讓我們再看看攻克「巨無霸」承台的故事。南京大勝關長江大橋 8 號墩承台為圓端形，平面尺寸為 76.0 米 ×34.0 米（長 × 寬），承台頂面標高 -7.0 米，厚 6.0 米，混凝土標號為 C30，約 14 015.5 立方米，分兩次澆築，首次澆築 3.0 米，約 7 000 立方米，承台鋼筋約 2 000 噸，填充混凝土超過 16 000 立方米，施工規模巨大，各項指數均為國內同類型橋樑之最，堪稱承台中的「巨無霸」。

　　8 號墩所處水域深達 50 米，水文條件複雜，是三個主墩中施工難度最大的一個。這次承台混凝土澆築是在鋼圍堰完成封底及混凝土填充後進行的，待封底混凝土達到設計強度後，8 號墩先後進行了鋼圍堰內抽水、割除多餘護筒、安裝冷卻管等一系列工序，於 2007 年 3 月 6 日做好了混凝土澆築前的最後準備。在澆築平台上佈置了兩台混凝土佈料機同時進行混凝土澆築，為了保證混凝土的持續不間斷供應，在鋼圍堰兩側各停靠水上混凝土工廠一座，8 號墩的 100 多名工人分兩班連續作業，最多時整個作業現場共有四個點同時進行混凝土澆築，每小時澆築量超過 300 立方米。整個澆築過程歷時約 60 小時，3 月 9 日晚成功完成澆築任務。

　　南京大勝關長江大橋所攻克的技術難題數不勝數。在基礎施工中，克服了深水大直徑鑽孔樁施工技術難題，組織了無

導向船的雙壁自浮式圍堰作施工平台的施工；在橋樑上部結構施工中，主跨合龍採用調整索力、不設頂落樑，實現了大跨度鋼桁拱安裝合龍，解決了支點反力大的三主桁結構採用常規頂落樑方法難以將合龍口多個位移值同時調整到位的技術難題。研究完成了鋼桁拱架與墩旁托架固結，輔助三層水平索雙懸臂架設施工。採用了自主研製的 70 噸變坡爬行吊機，400 噸全回轉浮吊等新設備架設鋼樑。

京滬高鐵的榮譽簿裏記錄着這個團隊的驕傲：2012 年，南京大勝關長江大橋在第 29 屆國際橋樑大會上榮獲「喬治‧理查德森大獎」；2015 年，南京大勝關長江大橋榮獲 2015 年度「國際橋協傑出結構工程獎」；2016 年 1 月，南京大勝關長江大橋作為京滬高鐵工程的重要組成部分，榮獲 2015 年度國家科學技術進步獎特等獎。

從鋼圍堰的下水、接高與下放，大體積承台施工，鋼樑架設等攻關奪隘的故事中我們能清晰感受到中國鐵路工程技術的進步。科技引領橋樑建設的未來，創新成就建橋強國。京滬高鐵的每一項工程建設都像南京大勝關長江大橋一樣藏有眾多閃光的故事。京滬高鐵的修建，創造了中國鐵路建設歷史上科技含量最高、創新最多、施工精度最高的紀錄，也代表着世界一流高鐵的修建水平。

京滬高鐵京杭運河特大橋　　　　　　　　　　　　　　　　　　／ 成海忠 攝影

　　我國幅員廣闊，各地區氣候、地質條件差異大，但在鐵路人的努力下，高鐵不斷向各地延伸。中國第一條穿越高寒地區的哈大高鐵於 2012 年建成運營，工程破解了嚴寒地區特有的季節性凍土路基防凍脹、膨脹性軟巖及寒冷地區隧道防寒防凍等多項世界性難題。我國第一條山區高鐵 —— 貴廣高鐵於 2014 年全線通車，貴廣高鐵穿越全球最大喀斯特地貌區域，沿線多溶洞、湧水、高峽深谷，施工環境複雜艱險。我國西北高寒風沙區域修建的首條高鐵 —— 蘭新高鐵，是世界上一次性建成里程最長的高速鐵路，也是世界上穿越最長風沙區的鐵路。每一條特色高鐵的建成開通，都留下高鐵建設者的智慧與汗水。他們在挑戰中創新，在創新中前行。

蘭新高鐵第二雙線項目部軍馬場一號特大橋　　　　　　　／ 張長明 攝影

　　高鐵建成運營後，又有許多工人不分晝夜地奮戰在鐵路維護一線上，認真維護着國家經濟發展的大動脈。《中國高鐵》紀錄片中報道的趙建華，是哈密工務段檢查監控車間探傷工區工長。自從蘭新高鐵開通後，他一直守護在蘭新高鐵途經新疆哈密的線路上，排查鋼軌可能存在的各種隱患。「趙建華工作室」位於哈密工務段檢查監控車間院內，與演練基地相鄰，裏面擺放了各類模擬教學用具及自然傷損鐵軌。該工作室就像是一個傷損鐵軌的博物館，這些鮮活的「教材」都是趙建華和他的同事們多年蒐集而來的。高鐵的鋼軌檢測都在夜間進行，就這樣在日復一日的長夜裏，在茫茫戈壁上，這些普通的探傷工人，以他們的堅守和付出，守護着高鐵運行的安全。

　　自 2011 年京滬高鐵建成運營之後，八年的時間裏我國高鐵又有了長足的發展，每一條線路都寫滿了工程人的奮鬥故事，每一項具體工程都藏有工程人的創新故事。每一個建設者都對高鐵有着大大小小的貢獻。每當在工地上看到他們，我的心裏就有說不出的親切感。正是這些普普通通的勞動者鑄造了中國高鐵的輝煌。

第二節　會變戲法的中國動車

　　中國機車從無到有，從弱到強，一直在發生着變化。我國從 1952 年製造出第一台蒸汽機車，到 20 世紀 90 年代中期，相繼成功開發東風 4D、東風 11、韶山 7、韶山 8、韶山 9 等准高速機車，技術含量不斷提高，製造工藝日趨成熟，為後續的六次全國鐵路大提速任務的圓滿完成提供了保障。

　　中國鐵路客車也有着漸進式發展的特點。

　　21 型客車是中國自行設計的第一代主型客車，於 1953 年開始生產，1961 年停產。22 型客車是中國鐵路第二代主型客車，於 1959 年開始生產，1994 年停產。從 20 世紀 90 年代開始，鐵路客車由 22 型向 25 型升級換代，從 25B、25G、25Z 到 25K、25T，不斷發展進步，技術水平日益提高。

長春客車廠生產的第一列 22 型 K1 硬臥車　　　　　　／楊旸 攝影

　　客車廠在 25A 型客車的基礎上同時研製了不帶空調的 25B 型客車和 25G 型空調客車。1993 年首批 25B 型客車投入運行，25B 型客車的塗裝通常為綠色車身配黃色色帶。25G 型客車（G 代表改進型）的構造速度（指車輛設計時，按安全及結構強度等條件所允許的車輛最高行駛速度）為 140 公里／時，最高運行速度為 120 公里／時，於 1992 年開始生產。25G 型客車最早於 1992 年作為京滬線直達特快列車使用。自 1994 年起，25G 型空調客車開始大規模生產並陸續替換原有的非空調列車。25G 型客車的塗裝主色調為橘紅色和白色，因此也俗稱「紅皮車」。25Z 型客車最初是為廣深鐵路研製的，主要用作中短途城際特快列車。25Z 型客車的「Z」代表准高速，是中國鐵路的第一代准高鐵

客車，雖未普及使用，但其研製過程為後來 25K 型客車的量產積累了經驗。

　　25K 型客車為中國鐵路第一次大提速後開行的特快列車。25K 型客車是在 1996 年各客車廠根據鐵道部要求而設計製造的快速客車，因為當時已有的 25B 型客車和 25G 型客車已不能滿足 1997 年中國鐵路第一次大提速的需要。25K 型客車在 25Z 型准高速客車的基礎上發展而成，構造速度為 160 公里／時，於 1997 年開始生產。25K 型客車的塗裝大多為藍色和白色配一道紅線。25K 型客車最早於 1997 年運用於京滬線。2003 年，新型的 25T 型客車開始投產，25K 型客車在同年年底停產。

中國第一列 25 型硬臥車　　　　　　　　　　　　　　／楊暘 攝影

　　25T 型客車是中國鐵路第五次大提速後開行的直達特快列車。「T」代表提速型。25T 型客車屬於 25K 型客車的後繼型號，吸收了 25 型客車設計過程中的技術及運用經驗，於 2002年研製完成後進行量產，但到 2004 年才定型為 25T 型，此前仍然稱 25K 型。25T 型客車的構造速度為 180 公里／時，最高運行速度為 160 公里／時。25T 型客車分為普通型及青藏高原型，與普通 25T 型的藍白兩色車身塗裝不同，青藏高原型 25T型客車的塗裝為墨綠色車身配兩道黃線。

　　進入 21 世紀，中國動車組（全稱為動車組列車，是現代火車的一種類型，由至少兩節帶驅動力的車廂和若干不帶驅動力的車廂共同組成。帶驅動力的車廂簡稱動車，不帶驅動力的車廂簡稱拖車）開始發生「脫胎換骨」的變化。中國動車組的發展大致可分為下面幾個階段。

　　第一代動車組。第一代動車組是我國自主研製的高速列車。除了在第二章中提及的跑出了當時「中國鐵路第一速」── 321.5 公里／時的「中華之星」，2000 ── 2004 年，我國還研製出動力分散型的「先鋒號」動車組。

　　「先鋒號」電動車組是南京浦鎮車輛有限公司負責總體研製的我國第一種交流傳動動力分散型電動車組，首列電動車組命名為「先鋒號」。列車運行速度為 200 公里／時，最高試驗

速度為 292 公里／時。

毫無疑問的是，第一代動車組自主研製過程積累的技術和人才，為後續我國動車製造技術的發展打下了很好的基礎。

第二代動車組。從 2004 年開始，為了配合第六次全國鐵路大提速，鐵道部開展了動車組技術引進。

南車青島四方與龐巴迪公司聯合設計生產的動車組被命名為 CRH1A，於 2007 年 2 月 1 日正式投入廣深鐵路運營，同屬 CRH1 系列的還有 CRH1B 和 CRH1E 型動車組。

南車青島四方與川崎重工聯合設計生產的動車組被命名為 CRH2A，於 2006 年 9 月 28 日在南車青島四方下線，2007 年 1 月 28 日，CRH2 型「和諧號」動車組正式投入滬杭線及滬寧線運營。此後，南車青島四方又設計出 CRH2B、CRH2C、CRH2E 型動車組。

CRH1A 型動車組

CRH1E 型動車組

CRH1 系列動車組

／由中國國家鐵路集團有限公司提供

　　唐車公司與西門子公司聯合設計生產的動車組被命名為 CRH3，其原型為德國 ICE-3 列車。CRH3 在引進世界高速動車組成熟技術的基礎上，根據中國鐵路客運需求，在車體外形和材質、轉向架、檢測系統等方面進行了優化設計。同屬 CRH3 系列的還有 CRH3A、CRH3C 和 CRH3D 型動車組。

　　長春客車廠與阿爾斯通公司聯合設計生產的動車組被命名為 CRH5。作為中國首列速度為 250 公里／時的國產動車組列車，CRH5 型「和諧號」動車組列車於 2007 年 4 月 6 日下線。

　　第二代動車組以引進吸收技術為主，研發人員更多的關注點在製造上，將從國外引進的技術吸收並製造出動車組。在短短三四年的時間裏，中國鐵路裝備製造企業較快地掌握了高速動車組的大部分關鍵部件的製造，實現了動車組國內生產。

　　第三代動車組。第三代動車組也就是常說的 CRH380 系列，也被稱為「新一代」和諧號動車組，包括 CRH380A、CRH380B、CRH380C 和 CRH380D 型動車組。2008 年 2 月 26 日，科技部與鐵道部共同簽署了《中國高速列車自主創新聯合行動計劃合作協議》，協議指出針對引進的技術，在消化吸收和再創新的基礎上，研發人員要突破關鍵技術，集成創新成果，研製出新一代速度為 350 公里／時及以上的高速動車。南車青島四方在 CRH2C 型動車組基礎上，進一步提升

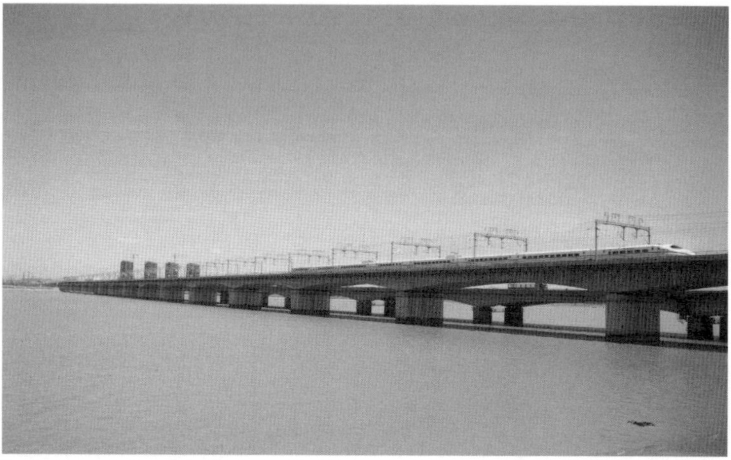

CRH2 型動車組　　　/由中國國家鐵路集團有限公司提供

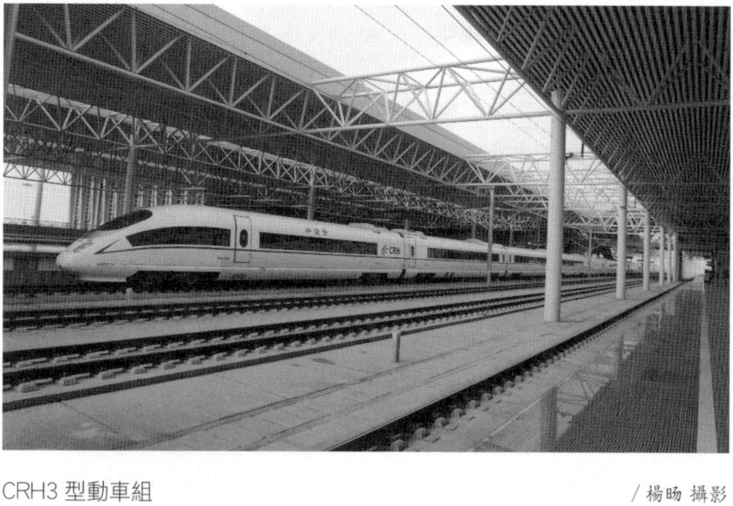

CRH3 型動車組　　　/楊旸 攝影

CRH5 型動車組 / 楊昀 攝影

整體性能，自主研製了最高運行速度為 380 公里／時的動車組。2010 年 9 月，鐵道部將南車青島四方研製的八輛編組動車組命名為 CRH380A，16 輛編組動車組命名為 CRH380AL。此後，CRH380B、CRH380BL、CRH380BG、CRH380C、CRH380CL、CRH380D 型等動車組陸續研製下線。2010 年 12 月 3 日，新一代「和諧號」動車組 CRH380A 在京滬高鐵試驗段創造了 486.1 公里／時的列車試驗速度新紀錄。

第三代動車組的創新主要是高新技術的系統集成，動車組在設計製造上有了很多改進，我國的很多鐵路裝備製造企業開始對動車組提出自己的設計修改方案。但這仍然是在國外平

CRH380BG 型動車組 ／楊暘 攝影

台上進行的改動，動車組的核心技術仍然在外方手上。

第四代動車組。第四代動車組也就是中國標準動車組，這是按照我國標準自己做頂層設計、核心軟件由自己研製、核心部件由自己製造、達到世界先進水平的動車組。

中國標準動車組實現了技術條件的標準化、統一化。第二代動車組的最大弊端是四個平台引進動車組的標準、參數不同，給生產、運營和檢修帶來了極大的問題。例如，四個平台生產的動車的車輪、輪徑不同，如果要統一車輪、統一輪徑，那麼轉向架結構就得變，懸架參數包括懸架結構也得變。四個平台生產的動車司機室同樣如此。有了之前自主研製的經驗，在吸收引進技術基礎上，中國標準動車組把很多設

計標準都統一起來，開始自己的正向設計，擁有了完全自主設計的圖紙。中國標準動車組採用的 254 項重要標準中，中國標準佔到 84%，整體設計和關鍵技術具有完全自主知識產權。11 個系統 96 項主要設備採用了統一的中國標準和型號，實現了不同廠家零件互換。中國標準動車組構建了全面完整、結構合理、先進科學的技術標準體系，涵蓋動車組基礎通用、車體、走行裝置、司機室佈置及設備、牽引電氣、制動及供風、列車網絡、運用維修等多個方面。

　　中國標準動車組做到了互聯互通。列車網絡控制系統負責完成動車組上的高壓、牽引、制動、輔助供電、車門、空調等的控制和監視，以及車上所有控制信息和故障信息的傳輸、處理、存儲和顯示，是動車組最關鍵的核心技術之一。鐵科院首席工程師、研究員趙紅衛帶領一支由 40 多人組成的團隊，自己搭建仿真測試平台，設計網絡芯片網卡，完成網絡控制系統軟件開發，攻克了網絡控制的難關。中國標準動車組實現了車載設備信息的互聯互通，這意味着相同速度等級的動車組，即使是由不同廠家生產的也能重聯運行，不同速度等級的動車組能夠相互救援。動車組的互聯互通使運營組織更加靈活，提升了動車組的利用效率，降低了運營成本。

　　此外，中國標準動車組建立起了自己的動車組研製設計

平台。例如，現在有了速度為 350 公里 / 時的動車組，如果需要速度為 250 公里 / 時的動車組，則只需要在速度 350 公里 / 時的基礎上，參照同樣的標準和規範，按照速度 250 公里 / 時進行系列化設計製造即可。

中國標準動車組是中國高鐵發展的一個里程碑。中國高鐵有了自己的標準動車組，動車組的標準和技術都具有完全的自主知識產權；動車組實現了互聯互通，使得高鐵運營組織更靈活、運營成本大大降低；此外，建立了自己的動車組技術平台，技術創新有了基礎。

「復興號」動車組下線命名儀式 / 楊昒 攝影

　　從綠皮車到紅皮車，從藍皮車到白皮車，再從「和諧號」到「復興號」，列車與鐵路一直在變。綠、紅、藍、白皮車的過渡與變色不是簡單的視覺感觀，而是幾代鐵路人默默無聞的奉獻換來的。

　　在中國高鐵動車組「變戲法」的道路上，給我印象最深的是那些工程技術人員和製造工人，正是他們的不懈追求，才促使動車組發生了根本性的變化。

梁建英——讓中國高速列車享譽世界的「最美科技工作者」

　　中車四方股份公司副總經理、總工程師梁建英是中國高鐵裝備行業唯一的女性總工程師，高速動車組技術專家。

　　她帶領一支上千人的高速動車組研發團隊，成功研製了從「和諧號」到「復興號」，運行速度為 200～350 公里／時各個速度等級的高速動車組，使中國高鐵實現從「跟跑」到某些領域「領跑」的精彩蝶變，將中國高鐵打造成一張亮麗的「國家名片」。

　　1995 年，梁建英從原上海鐵道大學（2000 年與同濟大學合併，組建成新的同濟大學）畢業，並被分配到中車四

1　本部分內容根據中車四方股份公司提供的材料改寫。

工作中的梁建英
／由中車四方股份
公司提供

方股份公司，成為一名設計師，從此開始了和中國鐵路事業的不解之緣。2004 年，國家發佈《國家中長期鐵路網規劃》，確立「引進先進技術，聯合設計生產，打造中國品牌」的基本方針，一條高速動車組的引進吸收再創新之路由此鋪開。中車四方股份公司引進時速 200 公里的動車組，用兩年時間完成了消化吸收和國內製造，還針對中國鐵路特殊的運營環境，進行了一百多項優化設計，解決了引進產品「水土不服」的難題。在引進的過程中，梁建英感觸深刻：「產品是可以買的，但技術創新能力是買不來的。合作方會告訴你如何去做，但是為什麼這樣做？原理是什麼？外方守口如瓶。」梁建英體會到，「巨人的肩膀不好站，必須讓自己成為巨人才行！」

2006 年，中車四方股份公司啟動時速 300 公里高速動車組的研發，這次不再是聯合設計，而是完全自主進行設計。梁建英擔任這個車型的主任設計師，這也是她第一次親手設計高速列車。「那時候壓力特別大，不僅僅是因為自己年輕、是女性，而且還因為面前的這座大山實在太高，翻過去不容易。」梁建英說，「真正投入其中，一系列複雜的難題接踵而來。從表面看，高速動車組只是比一般鐵路客車速度快一些，可在這速度的背後，卻有一道道高難度的技術門檻需要跨越。」高速動車組是一個龐大的系統工程，每列動車組上的零部件就達 50 多萬個，幾萬張圖紙需要設計，需要分析的試驗電子數據記錄就達數百兆，技術含量之高、難度之大可想而知。

為了攻克一道道技術難關，梁建英與研發團隊從關鍵技術研究到方案設計，從仿真分析到試驗驗證，將一個個設計思路變成可行方案的圖紙。每一個設計方案都是一場硬仗。在 1 000 多個日夜裏，梁建英幾乎每天「早八晚九」，沒有節假日成為生活的常態。梁建英說，在那段日子裏，根本沒有精力照顧年幼的女兒，每天下班回家，女兒已經睡下，早上往設計室趕時，女兒還沒有起牀。一次，梁建英忽然接到女兒的電話，女兒說，自己沒有什麼事

情，只想媽媽陪她吃頓飯。而對於這點小小的請求，正處在研發最緊要時刻的梁建英也不能滿足。

2007 年 12 月，在成功攻克了空氣動力學、系統集成、車體、轉向架等技術難關後，由中車四方股份公司自主研製的國內首列時速 300～350 公里的動車組成功下線。梁建英還記得，一天晚上，女兒用稚嫩的童音指着電視上飛馳而過的動車組高喊「媽媽，你的車！」。梁建英說，那時，她的心中有自豪感和成就感，也有對女兒和家庭的愧疚，但卻無怨無悔。

2008 年 6 月，中車四方股份公司開始全面自主創新，研發 CRH380A 高速動車組。梁建英再擔重任，承擔了 CRH380A 的設計任務，擔任該動車組的主任設計師。CRH380A 高速動車組的最高設計時速達 380 公里，是當時世界設計運行時速最高的動車組，這在全世界也沒有先例可循。「在我們行業有這樣一句話，高速列車不僅是設計出來的，也是試驗出來的。」梁建英說，只有通過大量的科學研究試驗，才能確定高速列車在高速運行條件下的動態行為、性能和規律。為此，梁建英和團隊成員在全國各地奔走試驗，時而感受北國的數九寒天，時而體驗南方的酷暑悶熱。梁建英還記得，2009 年 7 月，為列車提供動力

的牽引系統組合試驗在湖南進行。當時，正值高溫季節，試驗場所炎熱潮濕，許多人身上都生了濕疹，吃住也很不習慣，幾天下來，團隊的人比吃減肥藥瘦得還快。然而，困難並沒有讓梁建英和團隊成員退縮，在試驗過程中，團隊先後進行了 23 種軟件變更，解決了列車啟動時的加速性能、牽引能力、電磁干擾等問題。

　　困難當然會遇到。在一次線路試驗中，路軌的兩側沒有站台，路面距離車門有 1.5 米，列車停在野外，為了下車檢查車輛的狀態，梁建英跳下車，由於連日的勞累，就在她躬下身體檢查車輪時，突然腰無法動彈，她艱難地從車底爬出來，在同伴的幫助下才回到車上。但梁建英卻堅持「必須看到試驗結果」，於是忍着疼痛等到第二天凌晨試驗結果出爐。之後她只能僵硬地躺在牀上，用電話與試驗人員溝通，提出試驗改進方案。就是這樣，在 CRH380A 高速動車組的研發中，梁建英和研發團隊進行了難以計數的試驗，他們在京津城際鐵路、武廣高鐵及鄭西高鐵進行了累計長達兩年的線路試驗研究，才成功研製出 CRH380A 高速動車組。2010 年 12 月，CRH380A 高速動車組在京滬高鐵先導段創造了 486.1 公里 / 時的當時世界鐵路運營試驗最高速。

　　CRH380A 高速動車組的問世，也標誌着中國高鐵開始

實現由「跟隨」到某些領域「領跑」的蝶變。

2013 年，「復興號」動車組項目啟動，開啟了中國高鐵的新征程。

「如果說從時速 200 公里到時速 380 公里，我們實現了速度的突破，掌握了高速動車組關鍵技術。那麼『復興號』動車組則是我們攀登的一個全新高度。」梁建英說。在「復興號」動車組項目中，研發團隊要進一步深化創新，使我國的高速動車組在方便運用、節能降耗、降低全壽命周期成本、進一步提高安全冗餘等方面實現全面升級。僅拿「復興號」動車組的車頭設計來說，為了實現最佳的技術性能，梁建英和團隊最初設計了 46 個概念頭型，通過技術優選挑出 23 個頭型進入工業設計，再遴選出七個頭型，通過海量的仿真計算和試驗，才最終確定設計方案。當性能最優的「飛龍」頭型出爐時，海量的數據打印成 A4 紙，足足能堆一米多高。

2015 年 6 月，「復興號」動車組樣車下線後，開始進行線路試驗。梁建英帶領研發團隊跟車試驗，從鐵科院環形試驗基地到大同線、哈大線、鄭徐線，他們的足跡遍佈全國各地。這段日子，研發團隊每天凌晨四點就開始準備，白天跟車試驗十多個小時，晚上還要整理當天的試驗數

據，並制訂第二天的試驗方案，每天休息的時間不超過四小時。最熱的時候，車廂裏的溫度高達四五十攝氏度，而最冷的時候，試驗現場最低溫度到了零下二十攝氏度。整整一年半的時間，研發團隊一共做了 2 300 多項線路試驗，跟車試驗里程超過 61 萬公里，相當於繞着地球赤道跑了 15 圈。研發團隊的艱苦試驗，解決了不計其數的難題，實現了「復興號」動車組整車性能的驗證和優化。五年的艱苦攻關，贏來了「復興號」動車組的驚艷問世。2017 年「復興號」動車組正式投入運營，並於 9 月在京滬高鐵以 350 公里的時速運營，這使我國成為世界上高鐵商業運營速度最高的國家，為全球高鐵運營樹立了新的標杆。讓梁建英感到自豪的是，無論是運行速度，還是安全性、舒適性、節能降耗等主要技術指標，「復興號」動車組在全球都首屈一指。

梁建英在 2012 年擔任了南車青島四方副總經理、總工程師。在研發之外，梁建英還要帶領團隊與國際接軌。2014 年，中德軌道交通技術聯合研發中心開始籌建。梁建英多次帶隊出國訪問，在國內，視頻、電話會議也不斷，由於兩國有時差，有時會議結束已是凌晨。為了讓雙方的合作不只是「一錘子買賣」，梁建英團隊和德方團隊在共同

研發、人員培養等方面深入探討，有時會爭得面紅耳赤。而梁建英，往往能通過女性的靈巧和柔性，轉變僵持的場面，最終促成雙方達成共識。然而，梁建英終歸不是「鋼鐵俠」。她的同事、中車四方股份公司國家工程中心副主任劉韶慶還記得，2014 年年底，有一次去德國商談合作事宜時，梁建英竟然「暈火車」了，這對於自己開車、從不暈車的梁建英來說可是第一次。劉韶慶告訴記者，那段時間，梁建英一邊主持項目研發工作，一邊和海外合作方對接合作事宜，反覆倒時差，身體透支十分厲害。在梁建英的努力下，經過兩年多的時間，中德軌道交通技術聯合研發中心最終成立。也是源於這份拚搏，梁建英帶領團隊先後建立了中泰、中德、中英軌道交通技術聯合研發中心，讓技術先行帶動中國高鐵「揚帆出海」。

梁建英這樣描述自己的女性身份——「我們的肩膀或許並不強壯，但我們的智慧與毅力並不輸於旁人。在生活中，我扮演好女兒、母親和妻子的角色；在工作中，以強烈的責任心和使命感做好本職工作，將自己的才幹淋漓盡致地揮灑出來。」如今，由梁建英及其團隊親手設計製造的動車組已經讓全世界領略到中國「智」造的力量。梁建英也先後獲得國家科技進步獎特等獎、中國青年科技獎、

青島市科學技術最高獎、茅以升鐵道工程師獎、鐵道科技特等獎、全國五一巾幗標兵等榮譽。梁建英認為自己從一名普通技術人員成長為教授級高級工程師、總工程師、專業學科帶頭人和公司高管，是趕上了國家高鐵事業發展的好時機，是機遇讓她有了展示才華的舞台，是團隊讓她獲得了攻堅克難的力量。

創新的腳步從未停止。目前，梁建英帶領團隊開啟了新征程，正在進行時速 600 公里高速磁懸浮列車的攻關。「相信在不久的將來，擁有更多自主知識產權的中國高速列車，將會以全新的姿態和速度呈現在世人面前，飛馳在世界的最前沿。」梁建英對未來充滿信心。

調試工人羅昭強 —— 勇於創新的「高鐵工人博士」[1]

2017 年 6 月 26 日，中國標準動車組「復興號」在京滬高鐵正式首發，一夜之間成為高鐵「網紅」。中車長客股份公司高速製造中心調試工人羅昭強看到自己親手調試的「復興號」動車組完美運行，感到無比激動和自豪。

1　本部分內容根據中車長客股份公司提供的資料改寫。

羅昭強工作照
／楊暘 攝影

　　1990 年從職業技術學校畢業後，羅昭強來到長春客車廠工作，當了一名普通的維修電工。29 年來，他不斷學習創新，用高超的專業技術，為中國鐵路裝備製造業發展做出了突出貢獻。羅昭強從「羅電工」成長為「羅大師」，從國外專家身後的「小跟班」成長為自主研發高鐵模擬設備的「工人發明家」和「大國工匠」，被譽為勇於創新的「工人博士」。如今，他已是公司首席操作師，國家級技能大師工作室負責人。

　　在中車長客股份公司，羅昭強的手機號被各大中心設備部的領導和工友們設定為快捷撥號，因為大家有一個共識：「只要羅昭強在，就沒有解決不了的難題！」

　　有一次，羅昭強出差歸來，下飛機已是凌晨 2 點多，

剛打開手機，信息提示音不斷響起。原來，公司生產的 200 公里／時動車組內飾件的大型關鍵設備 —— 400 噸熱複合數控液壓機出現故障，已經「趴窩」三四天了。

　　羅昭強不顧勞累，出機場後直奔單位。只見他沉着地打開計算機，對程序稍加改動，調整了兩個參數，壓機滑塊立馬就動了！從計算機開機，到成功排除故障，他總共用時不到 15 分鐘！守候在現場的工人在短暫的目瞪口呆之後，爆出一片驚呼：「真牛！」「又快又準，不愧是大師！」

　　臨危受命，不辱使命。2010 年 7 月，公司 2 台進口地板磨光機的組合開關損壞報廢，如果從歐洲採購，需要耗時三個月、花費近萬元，可時值 CRH5 型高速動車組的關鍵生產期，設備一刻都不能停。怎麼辦？公司領導親自點將：「找羅昭強！」

　　看着大家焦急的眼神，羅昭強內心一股「捨我其誰」的使命感油然而生。他找到一個庫房，將兩台磨光機拆卸下來，各種零部件擺了滿滿一地，自己盤腿坐在地上逐件測試研究。五小時後，他開創性地用國產通用電器件替代進口件，將兩個繼電器巧妙組合，再加上一個轉換開關，只用 100 元就徹底解決了難題！

　　隨着國家對軌道交通行業的高度重視，以軌道交通為

代表的中國現代裝備製造業，在世界經濟的大舞台上颳起了一股中國風。「工人是勞動者，也應該是創造者，定義中國高鐵的質量和速度，需要高鐵工人的智慧。」這是羅昭強經常說的一句話。進入公司後，他帶領工人在精心搭建的「創新驅動」舞台上攻堅克難，勇於創造，大顯身手。列車調試是車輛出廠前的最後一道保障，2011年他發明的「CRH3型動車組調試操作技能實訓裝置」屬全國首創。該裝置實現了對高速動車組受電弓、安全環路、動車組牽引等七大系統的模擬，結合獨立開發的五套動車組控制邏輯模擬軟件，可達到模擬動車組功能和多種學習的目標，開創了利用模擬的手段對高鐵車輛調試操作員工進行培訓的先河，使培訓時間由原來的兩三年縮短為三個月。

「企業發展需要一支高技能人才團隊，我希望我的徒弟比我強。」提起師傅的諄諄教導，羅昭強的徒弟們有着強烈共鳴：「師傅是所有工人的榜樣，跟着他不僅僅是學技術，更重要的是學做人、學做事。」參加工作以來，羅昭強手把手帶過30多個「嫡系」徒弟，現在大多已成長為班組長、車間骨幹力量。其中有四名全國技術能手，兩名中央企業技術能手，四名原中國北車拔尖技術能手，

六名高級技師，15 名技師，六名吉林省首席技師，一名長春市職工大賽狀元等，他們是我國高鐵發展中重要的技能人才。

2000 年前後，西門子 VDO 公司的設備經理邀請羅昭強去管理一條瑞士出產的自動化生產線，開出了很誘人的條件：月薪是他當時工資的三倍，年底根據業績分紅，孩子生病給報銷 50% 醫療費……但羅昭強仍然決定留下來，他說：「父親就是長客人，我是第二代長客人，長客情結難解。人不能光為錢活着，是長客、是中國高鐵的大發展，給了我展示的平台，我要回報企業、效忠祖國。」羅昭強的團隊作為「復興號」動車組調試階段的中堅骨幹，全程參與動車組出廠前的全部調試工作。在調試過程中，他巧妙應用 Monitor 軟件，通過軟件去查找硬件的故障。他對軟件的變量進行了靈活排序，讓車輛在不同狀態下留下相應的信號，通過分析數據，找到問題出在哪裏。羅昭強的創新，讓工人們通過一款軟件，就能瞬間鎖定維修部位，工人們可在短時間內，拆掉最少的部件就能找到故障點，提高了工作效率。憑藉調試操作這一創新，羅昭強團隊圓滿完成了「復興號」動車組調試這一光榮而艱巨的任務。與此同時，他還成功研製了「CRH5 型車中間車模擬器、

頭車模擬器」「CRH5 型車 INDI 與 USDR 網絡模擬器」等
裝置，打破了外國公司對該領域的壟斷。他先後完成了
四項發明專利，七項實用新型專利，申報了 15 項國家專
利，200 餘項「五小」成果和立項攻關，累計為公司節約資
金上千萬元。

「守得雲開見月明。」因為堅持，羅昭強得以在自己
熱愛的行業裏一飛衝天；因為堅持，他業績顯赫，先後榮
獲長春市勞動模範、吉林省勞動模範、中國北車集團技術
標兵、全國技術能手、國務院特殊津貼享受者、全國技術
能手、火車頭獎章等諸多榮譽。「羅昭強國家技能大師工作
室」也被評為「全國工人先鋒號」。2016 年 12 月，羅昭強
榮獲第十三屆中華技能大獎，加冕「工人院士」，為工人贏
得了地位和尊重，也贏得了時代的喝彩。

2015 年 7 月 17 日，習近平主席視察中車長客股份公司
高鐵基地，羅昭強作為中國高鐵工人的優秀代表之一，得
到了主席的親切接見，並受到主席「要繼續領先領跑，打
造中國高端裝備『金名片』」的殷切勉勵。在中國高鐵的發
展歷程中，羅昭強用自己的智慧和汗水踐行「產業報國，
勇於創新，為中國夢提速」的高鐵工人精神，為我國高鐵
引領世界提供着不竭的動力。

李萬君 —— 2016 年度感動中國人物獲獎者[1]

「你是兄弟，是老師，是院士，是這個時代的中流砥柱。表裏如一，堅固耐壓，鬼斧神工，在平凡中非凡，在盡頭處超越，這是你的人生，也是你的傑作。」這是 2016 感動中國節目組委會給予獲獎者李萬君的頒獎詞。作為中車長客股份公司轉向架製造中心焊接車間的高級技師，30 年來，李萬君將手中的焊槍運用到極致，以不斷創新的焊接方法和 20 多項國家專利為我國高鐵事業的騰飛貢獻來自技術工人的力量。

即使在「2016 感動中國年度人物」頒獎典禮的儀式上，李萬君依然不改工人本色，身着一身灰色的「中國中車」工作服。

李萬君的父親也曾是中車長客股份公司的勞模，談到父親對他的影響，李萬君說：「每當父親從廠裏獲得大紅花和榮譽證書時，我們全家都特別高興。每天晚飯時，父親談論的都是車間裏發生的事情。」這些都讓李萬君印象深刻。成為像父親一樣的勞模，是李萬君小時候的心願。

---

1 本部分內容根據中車長客股份公司提供的資料改寫。

李萬君班組
/ 楊昮 攝影

　　剛進廠時李萬君就被分到了最苦最累的水箱焊接工段，他曾想讓父親憑藉關係幫他調換車間。可沒想到，父親卻為他找來更多供他練習焊接技術的焊條和模具。1997年，首次代表公司參加長春市焊工大賽的李萬君將三種焊法的三個第一輕鬆收入囊中。此後，經常與不同單位焊接高手切磋的李萬君技藝越來越高，並順利考取了碳鋼、不鏽鋼焊接等六項國際焊工（技師）資格證書，成為焊接「大拿」。如今車間裏嘈雜的焊接聲對於李萬君來說就像是交響樂，20 米外李萬君就能聽出焊槍所用電流電壓的大小，如果出現不和諧的雜音，他就會立刻去糾正。現在李萬君已成為父親的驕傲，他所獲得的榮譽是父親最常說起的話題。

「把技術提升到極致，把每件產品都當成藝術品，我認為這就是工匠精神。」在被主持人問到如何理解工匠精神時，李萬君是這樣回答的。轉向架製造技術被列為高速動車組的九大核心技術之一。李萬君憑藉着對焊接技術的求索和鑽研，填補了國內多項高速動車組、鐵路客車、城市軌道客車轉向架焊接規範及操作方法的空白，先後進行技術攻關 100 餘項。

2006 年，我國試製時速 250 公里的動車組，列車轉向架橫樑與側樑間的接觸環口焊接成為決定動車組列車實現速度等級提升的核心部件，也成為制約轉向架生產的瓶頸。李萬君總結出「構架環口焊接七步操作法」，一口氣焊完整個圓形接口，這讓外國專家也感到不可思議。如今這項「絕活」已成為公司技術標準。在李萬君看來，「無論外國怎麼進行技術封鎖，都要想盡一切辦法去革新和突破，這是中國高鐵產業工人義不容辭的責任和擔當」。

2015 年年初，公司生產我國擁有獨立自主知識產權的高速列車 —— 中國標準動車組，其中轉向架焊接技術攻關的難題自然又落到了李萬君的肩頭。面對新型的設計和工藝，李萬君帶領團隊反覆研究和論證，最終交叉運用平焊、立焊、下坡焊等多種操作技法完成了焊縫射線檢測

100% 合格的目標。看到兩列中國標準動車組以相對時速 420 公里完成會車試驗的畫面，李萬君感到無比自豪。

　　每當李萬君走在車間，此起彼伏地喊「師傅」的聲音就會響起。2011 年，他主持的公司焊工首席操作師工作站，被國家授予「李萬君大師工作室」。多年來，他一邊工作，一邊編寫教材，同時還承擔了大量的技能培訓任務，先後組織職工技能培訓近 160 場，為公司培訓焊工一萬多人次，幫助他們考取各種國際、國內焊工資質證書 2 000 多個。正是培養了這些技藝高超的焊接高手，才滿足了高速動車組、地鐵列車、出口車等 20 多種車型的生產需要，同時也為打造一批「大國工匠」儲備了堅實的新生力量。

　　「現在的孩子大都是嬌生慣養的獨生子，而焊接工作又特別累，當徒弟們懈怠、偷懶的時候，我就讓他們稍微想一想，我們現在正在從事的是什麼樣的工作。」李萬君說。轉向架焊接是承載車體重量，保證列車高速行駛下旅客生命安全的重要技術環節。「如今中國高鐵事業正在國家的大力支持下飛速發展，每一名鐵路人需要格外珍惜。」李萬君想讓他的徒弟們時刻認識到自己工作的意義。李萬君的徒弟何嚴說：「李師傅不僅向我們傳授他的高超技藝，也在教我們做人的道理，教我們如何做一名合格的高鐵工人。」

　　無論是梁建英還是羅昭強，無論是李萬君還是製造車間的每位工人，筆者每次到現場採訪，總會被中國高鐵建設者的事跡感動。在他們身上，你能感受到有那麼一股不服輸的勁，有一直鑽研的精神，有為中國人爭光的責任。

　　在中國中車的工廠裏，筆者曾採訪過多位一線員工和工程技術人員，他們給我的激勵不亞於讀一本書。和工程單位的風餐露宿不同，這些製造廠員工的工作條件相對好一些，但他們吃苦耐勞的工作精神一點不遜於在工地工作的鐵路工程人員。

　　在中車唐山公司，有接幾萬個接頭不出差錯的女性接線工；在中車長客股份公司，則有像梁建英一樣倔強的技術人員。他們敢於挑戰國外高鐵專家，將動車組動能轉換系統做成世界一流水平。在中國中車，還有很多像梁建英一樣的女性，為了動車組的完美，她們將更多的精力投入到工作中。她們會流露出母親的歉疚、妻子的遺憾、為人子女的不到位，但在她們的成果裏，在她們為高鐵動車組所做的貢獻裏，你會為這些執着的女性歡呼。中國高鐵正因為有這些偉大女性的投入而增添了柔美的氣質，她們偉大的奉獻成就了中國高鐵的華美。

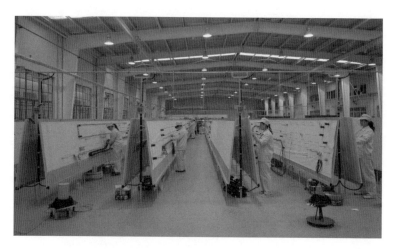

時速 200 公里動車組採用先進的佈線技術　　　　　　　　／于湧 攝影

　　我們從羅昭強和李萬君身上，看到了中國製造工人的細膩精神，看到了中國中車製造文化的薪火相傳，看到了普通員工身上視祖國利益高於一切的責任感。中國中車中像羅昭強和李萬君這樣平凡而技藝高超的員工不在少數，他們在踐行着中國的工匠精神。在他們所帶的徒弟中，一批批「80 後」「90 後」青年脫穎而出。我們過去常常感歎德國工業製造產品的精美得益於他們的代代傳承，當今天你在我們的工廠，看到這麼多的中國工人精益求精的工作態度、以師帶徒的細緻與認真時，你就會對中國製造的未來充滿信心。任何一個國家，要走在世界前列，不是靠揮揮手臂、喊喊口號就能實現的，而是要靠一代

又一代最普通的勞動者以追求精湛技藝的工匠精神去創造每一個產品。在高鐵技術從中國製造到中國創造的征途上，歷史記錄了這些奮鬥者的足跡。

第三節　高鐵線上的時尚站房

說到旅客近距離接觸、感興趣的高鐵元素，高鐵站房肯定是其中之一。和傳統的鐵路站房相比，高鐵站房的高大、現代、文化、唯美，給每一位旅客留下了深刻的印象。

高鐵站房是我國高鐵風景線上值得驕傲的標誌性建築之一，是時尚的窗口、城市的地標、傳播文化的平台。我們不妨簡單對幾種類型的車站站房來做一介紹。

1. 科技時尚型車站站房

杭州東站站房：杭州東站位於浙江省杭州市江干區，佔地面積 34 萬平方米，總建築面積 100 萬平方米。車站站場規模為 15 個站台，30 條到發線，每日開行高鐵、動車共 441 列。據杭州市人民政府公佈的數據，2017 年杭州東站年客運量為 5 600.31 萬人次。杭州東站站房以「錢江潮」為主題，體現了杭州「精緻和諧、大氣開放」的城市形象和從「西湖時代」邁向「錢塘江時代」的時代特徵。

杭州東站　　　　　　　　　　　　　　　　　　　／陳加華 攝影

　　天津站站房：天津站又稱天津東站，位於天津市河北區與河東區交界的海河北岸，是中國鐵路北京局集團有限公司管轄的特等站，是集鐵路、地鐵、公交、出租車等為一體的大型交通樞紐，是天津鐵路樞紐的重要組成部分。

　　天津站站房共分為六層，其中地上兩層，地下四層。地上一層為最大跨度 54 米的高架候車室；地面層為中央進站大廳，旅客可從南、北進站廳進入天津站站房；地下一層為地下進站廳，東、西旅客出站地道位於地下進站大廳東、西兩側；地下二層、三層、四層分別為天津地鐵 2 號、3 號、9 號線站台層。據央廣網報道，2018 年鐵路春運，天津站累計發送旅客 162.1 萬人次，客流最高峰為 2018 年 2 月 10 日單日發送旅客 10.1 萬人次。

天津站　　　　　　　　　　　　　　　　　　／宋樹川 攝影

2. 地域文化型車站站房

北京南站站房：北京南站位於北京市豐台區永定門外，其主站房總建築面積 34.6 萬平方米，設站台 13 個，可容納 10 500 人同時候車。據新華網報道，2018 年 10 月 1 日，北京南站單日發送旅客超過 21 萬人次，創建站以來的客流最高峰。北京南站站房造型設計的整體構思起源於天壇祈年殿，融入了「三重簷」的傳統文化元素，將天壇的頂層演化為主站房，將天壇的二、三層分別演化為站房兩側跌落式的雨棚。站房採用雙曲穹頂，整體外形為橢圓形，主體為鋼結構，被譽為世界最大氣的高鐵站之一。

北京南站　　　　　　　　　　　　　　　　　　　／原瑞倫 攝影

　　南京南站站房：南京南站位於南京市雨花台區，佔地近 70 萬平方米，總建築面積約 45.8 萬平方米。車站站場總規模為 15 個站台。據人民網報道，2019 年 4 月 5 日，南京南站發送旅客 22.91 萬人次，單日發送旅客首次突破 20 萬人次大關。南京南站站房秉承「古都新站」的設計理念，融入斗拱、雙重屋簷等中國古典建築元素，幕牆上的傳統吉祥紋樣與玻璃、鋁板等現代材料有機結合，用方正的直線和簡約的曲線勾勒出現代站房的恢宏氣勢。北入口六根立柱寓意「六朝古都文脈」，南入口八根立柱寓意「笑迎八方賓朋」，體現出了南京歷史文化名城的特點。

　　鄭州東站站房：鄭州東站位於河南省鄭州市鄭東新區，總建築面積 402 731 平方米，其站房建築面積 142 206 平方米。車站共設正線四條，旅客列車到發線 30 條，站台 16 個。

南京南站　　　　　　　　　　　　　／由中鐵四局提供

鄭州東站　　　　　　　　　　　　　／趙桂軍 攝影

設計高峰時期旅客發送量為每小時 7 400 人次。據人民網報道，2019 年清明節期間（4 月 4 日至 4 月 7 日），鄭州東站共發送旅客 40.37 萬人次，4 月 5 日，車站開行旅客列車 466 列，單日發送旅客 131 073 人次，創下了開站以來的單日旅客最高發送量。鄭州東站的設計體現了河南的中原文化和中華文明的底蘊。鄭州東站站房的造型設計為「城市之門」，設計靈感來源於「鼎」，正面造型如雙鼎相連，建築細部和室內設計採用「蓮鶴方壺」紋飾，體現了中原文化「沉穩、厚重、大氣磅礴」的精神。2017 年，鄭州東站獲得第十四屆中國土木工程詹天佑獎。

3. 展現城市特色型車站站房

哈爾濱西站站房：哈爾濱西站位於黑龍江省哈爾濱市南崗區，其站房總建築面積約七萬平方米，車站站場規模為十個站台、22 條到發線。據人民網報道，2018 年 10 月 1 日，哈爾濱西站運送旅客達 8.2 萬人次，創歷史新高。哈爾濱西站是我國高寒地區的第一座高鐵站房。考慮到哈爾濱寒冷的氣候特點，候車廳採用拱形結構，在天窗下方採用三角形開孔鋁板拼接，既能較好地抵抗屋面雪荷載，又能體現雪花冰晶的形狀。通過合理地佈置站房溫度伸縮縫，減輕了溫差對建築結構

哈爾濱西站　　　　　　　　　　　　　　　　　／王春鳴 攝影

的影響。取暖採用熱效率比較高的地熱採暖模式，高架站房下部採用巖棉保溫，既滿足了站房的保溫要求，也確保了安全和美觀。外立面陶板為棕紅色，參考了索菲亞教堂外牆的紅色，既有地域文化的特點，也能降低人對寒冷的心理感受。

　　合肥南站站房：合肥南站位於安徽省合肥市包河區，總建築面積 144 376 平方米，站場規模為 12 個站台、26 條到發線。據央廣網報道，2019 年 5 月 1 日，合肥南站發送旅客 12.65 萬人次。合肥南站站房的設計融入了皖南建築的特點，寓意「四水歸堂，五嶽朝天」。在徽派建築中，「四水歸堂」指的是四方雨水流入天井，在合

合肥南站　　　　　　　　　　　　　　　　　/ 由中鐵四局提供

肥南站則表示四方旅客如潮水般匯聚到車站換乘，「五嶽朝天」
體現在屋頂向上起翹的封火牆和南北立面向內傾斜的板型柱
上。現代化的車站融合了安徽的傳統文化，詮釋了厚重悠久的
徽文化，展示了安徽中部的蓬勃活力。2017 年，合肥南站榮
獲魯班獎。

　　昆明南站站房：昆明南站位於雲南省昆明市呈貢區，總
建築面積 33.47 萬平方米，其中站房建築面積 12 萬平方米，站
場規模為 16 個站台、30 條到發線，設計年發送旅客 4 693 萬
人次。據昆明市呈貢區人民政府統計，2018 年昆明南站全年

少數民族代表在昆明南站歡慶高鐵開通　　　　　　　／黃在雲 攝影

客流量達 1 800 萬人次。昆明南站站房體現了昆明獨有的地域
文化特點，以「雀舞春城、美麗綻放」為主題，用「孔雀開
屏、鮮花綻放」的形象寓意昆明的開放進取和熱情好客。此
外，建築的多處細節裝飾和構件表現出昆明「民族交融、國際
交流」「西南樞紐、南亞之門」的城市特點。

4. 科技建築型車站站房

　　武漢站站房：武漢站位於湖北省武漢市洪山區，總建築
面積 37 萬平方米，站房建築面積 11.46 萬平方米。車站站場規
模為 11 個站台、20 條到發線。據新華網報道，2018 年 10 月

武漢站　　　　　　　　　　　　　　　　　　　／ 趙桂軍 攝影

1 日，武漢站發送旅客 13.5 萬人次。武漢站站房的設計體現出武漢的特色，建築外觀富有寓意，主站房猶如一隻展翅飛翔的黃鶴，寓意「千年鶴歸」；立面水波狀的屋頂體現出武漢的「江城」特色，寓意千湖之省；九塊重簷組成的無柱雨棚寓意「九省通衢」，中部高聳隆起的 60 米高的穹頂，象徵湖北武漢「中部崛起」、蒸蒸日上的態勢。

　　中國高鐵站房構建了零距離換乘的綜合交通體系。車站內可以同站台換乘，車站外與城市交通無縫銜接，極大地方便了旅客的交通出行。在北京南站、武漢站、天津濱海站（原于家堡站）等鐵路客站，鐵路與城市交通無縫銜接已成為標準配置。而上海虹橋站更是涵蓋了航空、高鐵、長途公路客運、城市軌道交通、公交和出租等多種交通方式，是真正的交通樞

紐。高鐵站房立體疊合的橋建合一結構大大縮短了進出站流線。傳統車站一字排開的鐵路站場、旅客站房和交通廣場，不僅佔地面積大，也不方便旅客進出站。而武漢站等高鐵站房，則合理地將高架候車廳、站台軌道層、換乘大廳等不同功能區域立體疊合，極大地縮短了旅客進出站時間。

除了追求換乘的快捷，高鐵站房還追求明確和高效。在高鐵客站設計中，車站整體功能佈局一目了然，大型客站站台採用無柱雨棚，空間透明化，功能可視化，提高了旅客的出行效率。

中國高鐵站房打造節能環保的綠色建築。高鐵站房還對綠色建築技術進行了大量研究和應用。在鐵路客站設計及建設標準基礎上，設計人員充分結合當地氣候、環境、資源、經濟及文化特徵和我國鐵路客站建設運營特點，實現高鐵站房向節能環保、健康舒適、講求效益的方向發展。

北京南站站房運用冷熱電三聯供系統，利用天然氣發電後產生的餘熱，直接進行制冷或制熱，將天然氣使用效率從 50% 提高到 90% 以上。

上海虹橋站站房用屋面安裝太陽能電池板，總裝機容量 6 688 千瓦，年均發電可達 630 萬千瓦時，每年可以減排二氧化碳 6 600 多噸，節約標煤 2 254 噸，經濟效益和節能減排作用十分明顯。

　　武漢站站房不僅採用了集約用地、智能照明、太陽能發電、自然採光通風等措施，還為空調採用了地源熱泵系統，從而有效減少了車站能耗。

　　天津濱海站站房的設計也體現了智能環保技術。站房的照明採用了 16 000 多盞 LED 節能燈，可根據站內客流和時間智能調節照明數量。

　　中國高鐵車站站房的建設之所以有這麼多讓人驚豔的成果，與中國高鐵打破鐵路獨家設計、經營站房的傳統，面向全社會招投標密不可分。自從第一座高鐵車站 —— 北京南站建成後，設計者的思路得到開拓。此外，通過不斷引入鐵路站房施工的路外設計，施工單位又給中國鐵路站房的設計和施工注入了活力。中國高鐵站房設計充滿時代特色，融入現代建築科技，彰顯地方文化特色，是城市的窗口，也是高鐵線上的明珠。

第四節　控制高鐵運行的「大腦」

　　談到中國高鐵，不能忽略高鐵運行的「大腦」——中國列車運行控制系統（Chinese Train Control System，CTCS）的作用。它是保證我國鐵路列車行車安全、提高列車運行效率的重

要技術裝備。它能以有效的技術手段對列車運行速度、運行間隔進行實時監控和超速防護，同時能夠減輕司機勞動強度，改善工作條件，提高旅客舒適度。

我國的列車運行控制技術的發展經歷了地面人工信號→地面自動信號→機車信號→機車信號＋自動列車停止裝置（Automatic Train Stop, ATS）→列車超速防護系統（Automatic Train Protection, ATP）的過程。

從秦瀋客運專線開始，我國對高鐵列車運行控制系統（簡稱列控系統）進行系統研究，到建成京津城際鐵路時，我國高鐵擁有了相對成熟的列控系統。

1995 年，鐵道部確立了列控系統研究課題，部裏多家單位參與開展了列控系統的相關研究工作。從 2000 年開始，在充分借鑒「高速動車組綜合比選」研究課題取得的成功經驗基礎上，鐵道部再次組織多家單位聯合開展了「高速鐵路列控系統的比選分析」專題研究，並對德國西門子公司、法國阿爾卡特公司聯合研製生產的 LZB 列控系統，法國 CSEE 公司生產的 UM 71/TVM 430 型列控系統，京三製作所和日本信號公司聯合生產的列控系統進行了重點考察，並深入分析了各種制式列控系統的運用特點和運用情況，包括系統功能需求、系統架構、車地信息傳輸方式、制動模式等，以及衡量了列控系統產

品的應用範圍及技術發展，為高鐵列控系統制式的選擇和決策提供了參考依據。

　　確定高鐵列控系統制式最基本的要素有兩項：控制模式與信息傳輸方式。採用連續速度控制模式是世界各國的發展方向，而按照歐洲列控系統（Europe Train Control System，ETCS）「功能累加」和「無縫銜接」的思想，車載信號設備應能識別和處理多種車—地傳輸信息，便於實現地面設備的升級換代以及與既有線路的兼容等。基於以上思想，並經過較長時間對國外各列控系統的分析、研究和論證之後，中國高鐵列控系統制式初步確立，並在充分借鑒 ETCS 成功經驗的基礎上，制定了 CTCS 技術規範，確定了以軌道電路為基礎，點式、連續式信息傳輸方式的綜合應用，採用了連續速度控制、目標距離一次制動模式的技術體系。

　　CTCS 是在保證列車安全運行前提下，以分級形式滿足不同線路運輸需求的。CTCS 根據功能要求和設備配置劃分為 CTCS-0 級～CTCS-4 級 5 個應用等級。

　　（1）CTCS-0 級（簡稱 C0 級）

　　它由通用機車信號和列車運行監控記錄裝置（LKJ）組成，為既有系統，適用於列車最高運行速度為 120 公里／時以

下的區段。

（2）CTCS-1 級（簡稱 C1 級）

它由主體機車信號和安全型列車運行監控記錄裝置組成，點式信息作為連續信息的補充，可實現點連式超速防護功能。它適用於列車最高運行速度為 160 公里／時以下的區段。

（3）CTCS-2 級（簡稱 C2 級）

它基於軌道電路和點式應答器傳輸控車信息，並採用車—地一體化設計。C2 級列控系統面向提速幹線和客運專線（運營速度 200～250 公里／時），適用於各種線路速度區段，地面可不設通過信號機，機車乘務員憑車載信號行車。

（4）CTCS-3 級（簡稱 C3 級）

它基於無線傳輸信息並採用軌道電路等方式檢查列車佔用。C3 級列控系統可以疊加在 C2 級列控系統上，面向提速幹線和客運專線（運營速度 300～350 公里／時及以上）。

（5）CTCS-4 級（簡稱 C4 級）

它完全基於無線傳輸信息。地面可取消軌道電路，由無線閉塞中心和列控車載設備共同完成列車定位和完整性檢查，實現虛擬閉塞或移動閉塞。

CTCS 各應用等級的基本特徵如表 3-1 所示。

表 3-1　CTCS 各應用等級的基本特徵

	CTCS-0 級	CTCS-1 級	CTCS-2 級	CTCS-3 級	CTCS-4 級
運營速度	120 公里 / 時以下	160 公里 / 時以下	200~250 公里 / 時	300~350 公里 / 時	200~350 公里 / 時及以上
閉塞方式	自動閉塞 / 半自動閉塞	自動閉塞 / 半自動閉塞	正向：自動閉塞 反向：自動站間閉塞	正向：自動閉塞 反向：自動站間閉塞	自動閉塞或移動閉塞
聯鎖形式	6502 電氣集中	6502 電氣集中 / 計算機聯鎖	計算機聯鎖	計算機聯鎖	計算機聯鎖
調度集中	TDCS	TDCS/CTC	CTC	CTC	CTC
列車定位	車載測距	車載測距和應答器校準	車載測距和應答器校準	車載測距和應答器校準	車載測距和應答器校準
控制模式	階梯速度曲線	目標速度距離模式曲線	目標速度距離模式曲線	目標速度距離模式曲線	目標速度距離模式曲線
車地信息傳輸	軌道電路	軌道電路	軌道電路 + 點式設備	無線雙向信息傳輸	無線雙向信息傳輸
軌道佔用檢查	軌道電路	軌道電路	軌道電路	軌道電路等	GPS 等
線路數據來源	車載數據存儲芯片	車載數據存儲芯片	應答器	無線閉塞中心（RBC）+ 應答器	無線閉塞中心（RBC）+ 應答器

CTCS-3 級列控系統大量應用了信號處理、自動控制、計算機、通信、網絡等各方面的先進技術，綜合應用了實驗室仿真測試、集成調試與聯調聯試、接口監測與高速動態檢測等多項先進手段。列控系統中應用的車站列控中心、軌道電路、臨時限速服務器、地面電子單元、應答器以及 GSM-R 接口監測設備等全部是我國獨立研製開發的設備。CTCS-3 級列控系統的成功運用，標誌着我國高鐵列控系統已初步實現數字化、智能化、網絡化和綜合化的發展目標，標誌着我國 CTCS 技術體系的初步形成。

未來我國高鐵的列控系統將向着 CTCS-4 級發展，那時將取消軌道電路，完全基於無線通信網絡傳輸列控信息，由無線閉塞中心和列控車載設備共同完成列車定位和完整性檢查，實現虛擬閉塞或移動閉塞。由於取消了軌道電路，成本會降低；由於實現了移動閉塞，運輸效率會得到提高。

列車駕駛模式也將向着自動駕駛（Automatic Train Operation，ATO）方向發展。那時，設備將完全取代司機來完成所有的機車操縱過程，真正地把人從繁雜的勞動中解放出來。

第五節　第一位高鐵司機的感慨[1]

挑選中國高鐵司機的嚴格程度不亞於招考飛行員。當你看到氣宇軒昂的動車驕子 —— 李東曉時，你對高鐵司機肯定是肅然起敬的。這個有着一米八零身高、穿着挺括的制服、戴着雪白手套的高鐵司機，一招一式都給人難忘的印象。

採訪過他的人民鐵道報記者欒丹丹回憶說：「當年看李東曉駕駛 CRH3 型動車組，是一種賞心悅目的享受。濃眉下的雙眼炯炯有神，警惕地掃視着一個個接踵而至的信號及道岔開通情況。雖然是單司機執乘，但李東曉把呼喚應答喊得清晰，喊得虎虎生風；把指認信號，確認彎道、橋樑乃至會車的手勢做得十分準確，做得乾淨利索。」

事實上每一位高鐵司機都受到和李東曉一樣的嚴格訓練，他們執行上崗程序時也和李東曉一樣一絲不苟。

讓我們看看這篇第一位高鐵司機的事跡報告，就會知道中國的高鐵司機曾經吃過怎樣的苦。

2008 年 3 月，北京奧運會開幕前夕，我和九名同伴接到一項重要任務，到唐車公司接新型「和諧號」動車組，

1　本段文字來源於李東曉的先進事跡報告。

為京津城際鐵路開通做準備。廠專家組裏有位德國工程師，聽說我們十天後要把車開回去，連連搖頭說：「操縱這麼先進的動車組，至少得培訓三個月。」一聽這話，我們就急了。三個月？不行，京津城際鐵路等着試車呢！我說：「十天內，我們一定要把車開回去。」這位專家指着胸前的德國鐵路榮譽徽章說：「好，到時這個是你的……」

時速 350 公里的動車組是高科技的結晶，八萬多個零部件，數不清的集成電路，讓人眼花繚亂。670 多頁的說明資料，如天書一般，大家一看就傻眼了。我們連夜召開「諸葛亮會」，耐心尋找突破口。我們發現時速 350 公里動車組的操縱方式、驅動原理遠遠超出我們的想像。最大的難點在於操控系統，它是動車組的「神經中樞」，必須弄明白。我們牽住這個「牛鼻子」，白天練實操，夜裏查資料，一直到凌晨四五點，終於弄明白了操縱動車組的程序和原理。

第九天，我登上「和諧號」動車組，胸有成竹地插入主控鑰匙，儀錶閃爍，指令暢通，一切正常。我按捺住心中的激動，輕輕推動手柄，動車組緩緩啟動，一路順風地開回北京。同行的德國專家驚訝而興奮，在站台上，他將那枚德國鐵路榮譽徽章別在了我的胸前。

動車組開回來後，京津城際鐵路正在進行緊張調試。

我知道，要想開好動車，不僅要熟悉車，還要熟悉線路。面對北京南站、天津站複雜的站場設施，我找來線路圖，反覆臨摹，直到默畫熟記。我徒步查看沿線車站及北京地區鐵路站場，用心記下每一處道岔、每一處標誌，分析車速與風速、曲線、坡度等行車要素的關係，有時一天就記滿一個小本子。北京南站東頭是個風口，颳大風時會影響列車的平穩運行，我向專家提出建議，在這裏豎起了擋風牆，問題很快得到解決。

我駕駛的「和諧號」動車組，時速 350 公里，每秒運行近百米，像風一樣快，不能有絲毫偏差。要開好這麼快的車，一定得找到科學的操縱方法。我把 30 分鐘的京津城際高鐵全程運行時間，細分成 1 800 秒，對照秒錶規範操縱要領，繪製出精確到秒的動車組操縱示意圖。我還與同伴們一道，提出了上百條優化動車組操縱方法的建議，積累了上萬組技術參數，逐步形成「1 800 秒高速列車操縱辦法」。經過專家組的指導、論證、審核，這個辦法被命名為「東曉作業法」。如今，這個作業法不僅在京津城際鐵路得到運用，還推廣到武廣、鄭西、滬寧等高鐵上。

高鐵司機責任重，壓力大，精神需高度集中，容易產生緊張、焦慮和急躁的情緒，這些都會直接影響高鐵司機

的操作水準和列車的平穩運行。要想開好高速列車，心理素質必須過硬。我利用業餘時間，學習社會學、心理學等相關知識，適時進行自我調節，緩解精神壓力，保持良好的精神狀態。在高鐵司機這個崗位工作時間越長，我覺得要學的東西就越多。

2008 年 6 月 24 日，是我最難忘的一天。一大早，鐵道部領導和幾位鐵路專家走進駕駛室。「開關位置檢查，正常。數據輸入，制動機試驗……」我用洪亮的聲音報誦着每一步操作程序。開車命令下達後，我凝視前方，推動手柄，動車組平穩起步，速度迅速提升，100 公里 / 時、200 公里 / 時、350 公里 / 時，速度錶上的數字不斷跳躍，駕駛室裏所有的人都屏住了呼吸。動車組在加速，我的心跳也在加速。兩旁的景物一閃而過，動車組在飛馳，我在飛馳，我與偉大的祖國一起飛馳！時速指向了 394.3 公里，世界鐵路的最高運營新時速在我手中誕生了！我激動萬分，這是中國速度！這是中國驕傲！

就在「中國鐵路第一速」誕生的第二天，胡錦濤主席走進了我的駕駛室。我像往常一樣，標準作業，認真操縱。列車到站停穩後，主席親切地握住我的手說：「列車非常平穩，感覺很好，操縱得不錯，辛苦了！」

動車驕子 —— 李
東曉
　　/ 張京明 攝影

　　幾個月後，溫家寶總理也來到了我的駕駛室。一路
上，他十分關注我的駕駛情況，高興地評價道：「精神抖
擻，專心致志，一絲不苟，精益求精。」

　　我清醒地知道，這是中央領導對我的鼓勵和鞭策，更
是對中國高鐵的期望和要求。我一定會牢記這份光榮和使
命，加倍努力，安全優質地開好每一趟車。

　　2010 年 9 月 28 日和 12 月 3 日，中國高鐵的新時速又
在滬杭城際鐵路、京滬高鐵試驗中接連被刷新，創造了時
速 486.1 公里的世界鐵路運營試驗新紀錄。中國高鐵再次
以嶄新的速度領跑世界！作為一名鐵路職工，我有幸把青
春、汗水和智慧融入中國高鐵事業，對此感到無比自豪。

　　從李東曉的事跡報告中，我們能清晰感受到我國高鐵司

機執着、拚搏的精神。現在李東曉走向了管理崗位，但李東曉的徒弟以及徒弟的徒弟都像李東曉一樣，一絲不苟地工作在高鐵司機崗位上，每天穿梭在祖國的高鐵線路上。人們從李東曉的成長中感受到鐵路人的執着，從李東曉的勤奮中感受到鐵路人的好學，從李東曉對祖國的責任中感受到鐵路人胸懷大局的擔當。中國高鐵運營系統正是有了這樣一批司機、乘務員、檢修員，才能更好地為人民服務。行筆至此，筆者不禁感歎，中國高鐵是團隊力量的結晶，中國高鐵是國家意志的體現，中國高鐵是無數平凡人支撐起來的事業，中國高鐵孕育的諸多美好精神值得我們去深深挖掘！

第六節　舉國體制的優勢

　　中國高鐵的技術創新是與中國國家體制與佔主導地位的國有企業管理機制相關聯的，這種獨特的制度優勢可以解釋為「集中力量辦大事」。舉國體制最顯著的優勢就是資金的大投入和創新體系的統一化。在這種體制的影響下，各個企業間的創新研究構成了高鐵技術創新的基石。舉國體制除了體現在國家政策和科研導向上，也體現在國家級實驗平台和統一的對外招投標中。國家級實驗平台發揮了以國家為主導的產學研一體

化的優勢。

　　國家級實驗平台是體現高鐵技術創新的國家意志的一個側面。事實上，國家級實驗平台是國家主導、企業和高校參與的、由國家予以投資和考核的實驗室。中國圍繞高鐵項目，先後建設了高速鐵路系統試驗國家工程實驗室、機車和動車組牽引與控制國家重點實驗室、國家軌道交通電氣化與自動化工程技術研究中心、牽引動力國家重點實驗室、高速鐵路建造技術國家工程實驗室、軌道交通運行控制系統國家工程研究中心、高速列車系統集成國家工程實驗室、國家鐵路大型養路機械工程技術研究中心、盾構及掘進技術國家重點實驗室等12個大型國家級實驗平台。

　　上述國家級實驗平台的功能和任務，就是提升高鐵建設過程中的重大科技的自主創新能力。國家級實驗平台對中國高鐵技術的創新起着穩步推進的作用，成為中國高鐵技術創新文化的重要方面，是中國高鐵技術創新的一個保障。隨着高鐵技術的發展，集成創新的層次會越來越高。國家級實驗平台以國家雄厚的資金支持、強大而富有經驗的科技隊伍，直接面向現場解決中國高鐵重大技術問題，從而為中國高鐵發展提供了技術支撐和智力保障。國家級實驗平台所做的重要技術發明與創新，直接促進了中國高鐵技術的跨越與輸出。

　　沒有任何一項制度只有優勢沒有劣勢，舉國體制也是如此。中國高鐵技術的發展自有舉國體制的貢獻。舉國體制的大一統為長大線路施工前的順利拆遷提供了可能；舉國體制也為重大攻關課題帶來了強大支撐（表現在財力、人才等多個方面）；舉國體制還可以營造更好的社會文化環境。但只有合理且適度地利用舉國體制，才能促進高鐵的快速發展。以自力更生為主的發展路徑和引進動車組技術再創新的發展路徑雖然有差異，但這種舉國體制的特點是相同的。對一個有着高度集中意志的國家而言，舉國體制對技術創新的影響力值得深入分析。中國高鐵技術的前期發展具有區域性格局，但圍繞經濟帶發展的思路也帶來了高速鐵路網地域均衡發展的問題。儘管高鐵需要後期大量的經營維護費，但高鐵不僅僅是為一個國家賺錢的交通工具，更重要的應該着眼於國家未來的發展戰略。不可否認，中國在相當長一段時間內必然要繼續走區域發展的道路，首先在主要幹線和經濟發達地區修建高鐵。這些經濟發達省份對高鐵有極迫切的需求，希望通過高鐵緩解越來越緊張的客貨運輸壓力，中國高鐵的發展始於這些地區是一種必然。但這種技術發展路線也會導致發達地區更發達，落後地區更落後。如何在高速鐵路網佈置中，既考慮現實利益，又考慮遠期效益，這也是高鐵規劃研究的一個方向。

第四章

高鐵帶動城市巨變

　　之所以說高鐵是城市發展的「利器」，是因為高鐵沿線城市飛速發展給了人們信心和自豪感。我國高鐵技術崛起不過十幾年，但給城市帶來的變化卻十分明顯。

　　21 世紀初，隨着我國經濟的迅速發展，城市化進程明顯加快，城市化率增長顯著，但也存在大城市迅速膨脹、中小城市發展緩慢、人口集聚於少數大城市等城市發展不合理的問題。高鐵的出現促進了人才、信息、技術等資源的高效順暢流動和城市就業者擇業觀念的變化。大城市大變化，小城市小變化，沒有一座城市不發生變化。高鐵改變了中國城市成長的軌跡。

　　京津城際鐵路開通運營之後，人們就悄然感受着城市的飛速變化。高鐵，讓城市之間的時空距離不斷縮短，從而打破了以往的城市格局；高鐵，讓人們在大城市間的交流由相對隔離轉為通暢。從北京到天津的京津城際鐵路，從北京到上海的京滬高鐵，讓人們感受到不同地方文化的特色魅力。城市改變了各自的形象，各種時尚文化在高鐵的拉動下，進行着不同層面的交流傳播。在特大城市之間，在省會城市之間，高鐵就像一條條瀟灑的直線，讓城市之間的聯繫變得更加緊密。高鐵給城市帶來了巨大的改變，高鐵讓城市煥發了歷史之美，迸發出現代之美。

　　高鐵讓各地的旅遊資源得到最大程度的開發。在高鐵線上，一個個景點被串聯起來，原來大家眼中的畏途、苦行之地，如今因為有了高鐵，成為遊客接踵而至的地方。

　　因為高鐵的出現，城市文化在悄悄發生着改變。在高鐵經過的沿線城市，當地的市民們常常會以自豪的眼光來欣賞高鐵，以旅客的心境去體驗高鐵，以東道主的胸懷歡迎外地遊客。高鐵，以它的恢宏氣勢和快速，滋潤着城市文化。高鐵經過的城市，都在傳遞着高鐵的信息，都承載着高鐵文化繁衍與播撒的重任。

2008 年國慶節，北京南站客流猛增，在車站工作人員引導下，旅客檢票進站秩序井然　　　　　　　　　　　　　　　/ 陳濤 攝影

　　高鐵的快速與時尚讓生活在城市的人們歡呼雀躍。人們習慣了通過高鐵享受現代生活，習慣了在高鐵上感受自然風景，習慣了在高鐵上完成辦公室裏能完成的任務。高鐵像一首詩，抒寫每個人的情懷。

　　高鐵像五線譜，串起一座座城市，譜寫新的樂章；高鐵像春風，抵達的每一處都重新蕩起現代生活的漣漪。高鐵讓中國人提氣，高鐵讓中國人心動，高鐵讓中國人真正享受到交通的便利。從大城市到省會城市，從明星城市到旅遊景區，從城市文化的重塑到智能化生活帶來的便利，高鐵，正以其巨大的嬗變效應，悄悄改變着人們的生活。高鐵給城市帶來的影響既有形式上的變化，也有內容上的變化；既有物質上的變化，也有精神上的變化。

　　有專家表示，高鐵的發展帶來了時空距離的改變，不僅使城市之間可以更好地按照各自的比較優勢配置資源，發揮出城市集聚的綜合優勢，還可以增強不同城市羣之間的分工合作，縮小不同經濟區或經濟帶的距離。可以預見的是，以高鐵為紐帶的城市羣，在不久的將來會成為區域經濟的重要增長極。

　　中國高鐵讓城市之間的交流加深，讓城市發展步入快車道，也讓城市文化發生飛躍式變化。

第一節　特大城市的今昔對比

考慮商業資源集聚度、城市樞紐性、城市活躍度、生活方式多樣性和未來可塑性等多維度因素，北京、上海、廣州、深圳等城市可謂中國特大城市的代表。這些城市的常住人口數量都超千萬，繁忙的交通、快節奏的生活方式，是這些特大城市的特質。

特大城市的交通歷來為交通人所痛心。我在鐵路系統工作多年，在過去的歲月裏，每到年末歲尾，當春運的號角吹響時，時常會接到一些朋友的電話，他們以焦灼的語氣請求幫購火車票。每當遇到這種情況，作為鐵路人，我比他們還焦灼，但我也知道，受鐵路運能的制約，每年春運都會出現一票難求的情況。即使自己出行，遇到春運，也只能選擇開車從北京返回山東老家。在沒有高鐵的時候，春節坐火車，即使能買到一張票，在火車上也是備受煎熬。

特大城市承載着無數人的夢想，書寫着一段段傳奇，散發着動人的活力。高鐵，為這些特大城市之間的連接、為這些城市的發展帶來了什麼樣的變化呢？

高鐵打造了更大範圍的都市圈並重塑了區域經濟發展格局。高鐵讓特大城市由攤大餅式的發展轉變為集約式的發

展。高鐵到底有沒有讓城市的規劃更具時代感？答案是肯定的。對特大城市而言，發展到一定程度，攤大餅式的發展逐漸受到土地資源和行業的制約，而高鐵讓特大城市與周邊城市的同城化效應更加明顯。這就要求在做城市規劃時，大城市要有大城市的特色，換句話說，高鐵讓特大城市的城市規劃更有時代感，這種時代感是高鐵改變時空格局的特點帶來的。

以北上廣深特大城市為核心，周邊 30 分鐘高鐵生活圈的強互動，一小時高鐵生活圈的輻射聯動，標誌着特大城市由單核發展進入區域聯動的城市羣、都市圈發展模式。高鐵增強了周邊城市對特大城市人口、產業發展壓力的緩解作用。高鐵延伸了城市的發展，快速的交通加速了生產要素的流動，促使周邊城市能夠承接特大城市的部分功能和產業轉移，由中小城市向城市副中心發展。

據央廣網報道，2016 年京津冀協同發展廊坊投資推介會加快推進北京市產業向廊坊轉移，會上共有 12 個項目集中簽約，全部來自北京市重點企業，總投資額近 122 億元，涉及航空航天、生物醫藥、文化創意、現代服務業等多個領域。在過去，廊坊的主要定位是京津的菜籃子、米袋子、訂單子，把農副產品運進北京，把京津企業的配件加工訂單帶回來，在產業格局中處於鏈條低端。高鐵的開通為京津冀一體化提供了人

力、財力和物力支持，廊坊市積極承接了高端產業的轉移，加快了自身產業結構的優化升級。

據廊坊市 2018 年統計，2014—2018 年，全市生產總值逐年增高，從 2 056.0 億元增至 3 108.2 億元；第一產業和第二產業佔比逐年下降，第三產業佔比從 2014 年的 41.6% 增至 2018 年的 57.1%。2018 年廊坊市承接了一批高端項目，中安信碳纖維一期工程正式投產，中信國安影視中心建成投用，京東跨境電商保稅區北方中央倉、中關村互聯網文創廊坊園加快建設；大興、北辰、廊坊「一十百千萬」教育協同工程深入推進，永清北大附屬廊坊益田實驗學校開工建設等。據中國國家鐵路集團有限公司的資料，京津冀區域已經形成以京滬、京廣兩大高鐵為脊樑，以北京、天津和石家莊、德州東為端點的「矩形」連接，區域內一座座高鐵車站星羅棋佈，完善着一小時工作生活圈、城市羣和經濟帶，十多億人次、六萬多家企業、200 多個縣市地區從中受益。

京廣高鐵的貫通不僅將北京至廣州的最快運行時間縮短至八小時，更與京滬高鐵、徐蘭高鐵、滬漢蓉高鐵、滬昆高鐵等相連，從而把環渤海經濟圈、長三角地區、中原經濟區、武漢城市羣、長株潭城市羣、珠三角地區緊密地連接在了一起，加快了中西部地區和東部地區人員、物資的流動，促進了不同區域經濟的協調發展。

廊坊市 2014－2018 年全市生產總值與產業佔比

/ 來源：廊坊市人民政府網站

　　2016 年，結合發展新形勢新要求，國務院批准發佈《中長期鐵路網規劃》，指出對於建成現代的高速鐵路網的規劃目標是「連接主要城市羣，基本連接省會城市和其他 50 萬人口以上大中城市，形成以特大城市為中心覆蓋全國、以省會城市為支點覆蓋周邊的高速鐵路網；實現相鄰大中城市間 1～4 小時生活圈，城市羣內 0.5～2 小時生活圈；提供安全可靠、優質高效、舒適便捷的旅客運輸服務」。特大城市在高速鐵路網中起着中心節點的作用，而高鐵以其高速度、大運量、公交化的特徵為這些中心的發展帶來新格局。

　　高鐵帶動特大城市人才的快速流動。2011 年，連接北京和上海的京滬高鐵全線通車，北京到上海的最快運行時間由 9 小時 54 分鐘縮短到五小時以內，這意味着北京和上海這兩個

特大城市之間，一天內可輕鬆往返。2012 年京廣高鐵全線開通，過去需要 20 多小時的旅程現在縮短為八小時左右。京港高鐵廣深段於 2011 年建成通車，廣州到深圳 30 分鐘可達，北京到深圳不到九小時可達。同樣地，沿滬昆高鐵和京廣高鐵行駛的 G85/G86 次列車，讓上海和廣州之間最快可七小時到達。

　　高鐵的發展讓遙遙相望的兩座城市變得觸手可及。高鐵建設給城市人才快速流動帶來了巨大的效應。城市不僅僅屬於歷史，城市也不僅僅是建築的堆砌，構成城市發展活力的關鍵是人才。特大城市人才的快速流動，為特大城市和其他城市發展提供了不斷更新的人才資源。當一個城市因為高鐵的出現，成為許多人的嚮往，那這個城市未來的前景一定廣闊。對於北京而言，近幾年大量人才的集聚，固然與其傳統的歷史積澱和行業佈局有關，但由高鐵引發的人才自由流動也不可小覷。上海亦是如此。

　　高鐵讓特大城市擁有更加開放包容的心態。在數年前，曾有專家斷言，北京這座城市最多容納 1 600 萬人，而截至 2020 年，北京的常住人口為 2 189.3 萬人。除了歸功於基礎設施的擴建之外，這還應得益於中國高鐵的疏解之功。高鐵讓北京這座城市的交通快速疏解，讓城市的運行更加安全科學。來的人能迅速抵達，走的人能快速離開，這是高鐵的功勞。

如果說交通是一個城市流動的血管，那麼高鐵就是大動脈，它的快速、暢達為中國首都展示特大城市的風采提供了有力的支持。正因為高鐵的這種快捷抵達的特點，讓城外的人想來北京看看，讓城裏的人想到外面暢遊一番。中國高鐵對特大城市的這種貢獻，是一種無形的發展力量和管理貢獻。對上海和廣州等特大城市而言，自然也是如此。記得 20 世紀初期，我曾在廣州地鐵線從事項目施工，每次春節返回山東，在廣州火車站看到人山人海時，內心都充滿了畏懼。擁擠的火車站給人傳遞不安全感，每逢此時，人們對城市就會徒生很多歎息。高鐵對特大城市的貢獻，也在於無形中孕育的舒緩力量。

高鐵改變着特大城市居民的工作和生活方式。在傳統交通條件下，在甲城居住的人到乙城工作，被認為是一種不可能的事情，漫長的旅途會制約人的行動。高鐵的出現讓人們改變了這種傳統的認知格局。

京津城際鐵路「大運量、高密度、公交化」的運輸模式，加上北京南站的快速換乘通道，讓旅客感受到了高鐵的速度與便捷，這改變的不僅是北京和天津兩地的出行，還有人們的工作和生活方式。這條高鐵讓北京工作、天津居住的「雙城」生活成為很多青年的首選，帶動了許多在北京工作的人到天津投資置業，也讓他們可以選擇周末去天津感受海濱城市的愜

意。北京人周末去天津吃小吃、聽相聲，天津人周末到北京逛故宮、登香山，逐漸成為一種流行的休閒方式。據央廣網報道，2008 年，京津城際鐵路日均發送旅客兩萬人次，2018 年，這一數字高達八萬人次，整整增長了三倍。

高鐵促進了新行業的誕生。高鐵的發展為特大城市帶來了活力，加快了人才流動，也催生了一些新行業。如遊走於各大城市的獵頭公司，具有文化、技術融合性的新文化公司，帶有閃送性質的農業與互聯網結合的智能化配送公司等。這些新興行業帶有時空與地域的高度融合性，需要從業者將人和物或者信息準確及時地對接。換句話說，這些新興行業是將信息的虛擬化和現實性密切結合的一些行業，這些行業要求信息與落實的密切結合，而高鐵提供了這樣的可能。高鐵的快捷性和規律性為這些新生行業的誕生與發展提供了多種可能性。

高鐵讓特大城市由物化形態向精神形態轉變。特大城市的物流行業很發達，隨着城市的發展，城市的分工更加細化。高鐵縮短了時空距離，一方面為城市提供了相當豐富的人力資源，另一方面因為高鐵運輸線解放了鐵路運能，可以將更多的物資運往城市。和傳統的鐵路相比，高鐵目前主要承載着客運任務，物資的運輸只在既有線路和其他線路上進行。高鐵對特大城市的貢獻也體現在智力資源的貢獻和精神形態的轉變

上。特大城市開始由物化形態向精神形態轉變。

　　高鐵，甚至在某種意義上展示了人們對現代生活的信任感。高鐵給無數人提供了到城市生活的機會，也給每個人提供了公平縮短行程的可能，高鐵更給旅客帶來了優雅出行的機會。正像手機這一現代化通信工具給人帶來平等的感覺和信息交流的方便一樣，中國高鐵讓中國人享受到了出行的愉悅。高鐵在陪伴每位旅客出行的過程中，也給無數中國人提供了對現代生活的信任感。因為現代生活中有了高鐵，人們才有了「飛翔」的感覺，人們才能抓住更多的機會。因為有了和時間賽跑的機會，有了更舒暢的出行體驗，有了此城與彼城的親近感，現代城市中的市民才更加富有現代生活品質。

第二節　省會城市的高鐵紐帶

　　省會城市作為一省的政治、經濟、文化中心，吸取和吐納的速度如何，直接影響着一個省的發展速度和規模。看一個省的發展，可考察其省會城市的經濟發展速度和外在形態的變化。省會城市發展了，能帶動本省其他城市的發展，吸引周圍省份投入各類資源。省會城市的高鐵是其交通能力的展示，也是吞吐資源的主要窗口。高鐵的發展，對一個省的經濟發展和

省會城市的精神風貌，往往可帶來積極影響。

省會城市高鐵站成為高速鐵路網的重要樞紐。從 2017 年年底提前建成的「四縱四橫」高速鐵路網中不難看出，北京、上海等特大城市已作為高速鐵路網中心並向全國輻射。此外，我們也發現主要高鐵線上都有省會城市的身影，如滬昆高鐵途經上海、杭州、南昌、長沙、貴陽和昆明六個省會城市（直轄市），對西南地區的社會和經濟發展有重要意義。更值得注意的是，石家莊、鄭州、武漢、長沙和廣州五個城市既是京廣高鐵上的省會城市，也是京廣高鐵與高速鐵路網中「四橫」高鐵線的交叉節點城市；同樣，濟南、南京和杭州也是縱向和橫向高鐵線的交叉節點城市。通過這些省會城市的樞紐作用，不同省之間、一個省與全國其他城市之間的高鐵通達度得到極大提高。

以武漢市為例，2018 年從武漢乘坐高鐵可直達其他 25 個高鐵城市，武漢到北京、上海、廣州的最快運行時間在四小時左右。高鐵拉近了武漢與全國核心區域和主要城市的時空距離，更契合了武漢「九省通衢」的歷史稱號。據武漢市統計局歷年國民經濟和社會發展統計公報，武漢站正式啟用後，武漢市的生產總值從 2009 年的 4 560 億元增加到 2018 年的 14 847 億元，第三產業佔比從 49.8% 增長至 54.6%，國內旅遊收入從

486 億元增加到 3 037 億元。可見，武漢市作為高速鐵路網的重要節點，在開通高鐵後，城市的經濟獲得了發展，產業結構進一步優化。省會城市高鐵站成為高鐵樞紐的佈局方式，使中國高鐵的帶動效應更加明顯，由點到線，由線到面，直接帶動了高鐵沿線相鄰省份和周邊地域的經濟和文化發展。

省會城市高鐵站還成為輻射省內其他城市的樞紐。之所以這樣說，是由省會城市高鐵車站的地理位置線路樞紐的特點決定的。站在一個省的角度，省內的中心城市會很引人注目，但每個省除這一中心城市之外，還分佈着許多中等發達城市。

在廣東省，除了廣州和深圳兩個特大城市外，還有東

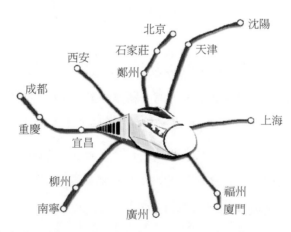

武漢米字型高速鐵路網可實現八小時到達十餘個城市

莞、惠州、佛山等中等城市。截至 2019 年 7 月末，人們乘坐高鐵從廣州到佛山僅需 18 分鐘，到東莞僅需 26 分鐘，一小時可到惠州。同樣地，從南京乘坐高鐵到常州最快僅需 31 分鐘；從杭州乘坐高鐵到寧波最快僅需 47 分鐘。高鐵帶來的省內 0.5～2 小時生活圈，賦予了省會城市輻射省內其他中等發達城市的機會與支撐。

在江蘇省，可以發現南京的周圍還有蘇州、無錫、常州等城市；浙江除杭州之外，還有寧波、溫州、嘉興等城市。放眼全國，這樣的城市發展現狀並不少見。省會城市的快速發展固然重要，但周邊城市的發展同樣重要，多極化協同發展對於一個省（區、市）的發展來說具有更大的潛力。

湖北省 2017 年提出「一主兩副多極競相發展」的戰略，「一主」指的是武漢市，「兩副」指宜昌市和襄陽市，「多極」則是黃石市、十堰市、荊門市、孝感市、荊州市和黃岡市六個城市。2016 年，張座銘等人對湖北高鐵經濟效益進行研究，通過城市網絡分析發現，2012 年幾條重要高鐵線運營後，城市間的整體路網密度從 0.468 8 提升到 2014 年的 0.692 3。此外，研究還發現，高鐵加強了湖北省各城市間的經濟聯繫；湖北省各城市間資源、信息、人才等要素的流動在加快，武漢市對其他城市呈現出輻射帶動作用。

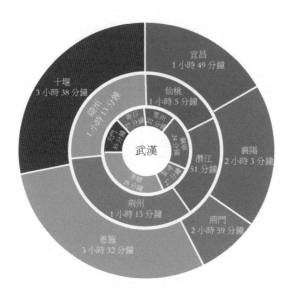

高鐵開通後，武漢
市同湖北省內其他
城市之間的連接更
加方便快捷

　　省會城市高鐵站成為展示一個省份形象的窗口。高鐵
車站既是城市品牌，也是地方文化品牌。在中國鐵路發展史
上，傳統車站中除了幾個大站有比較好的外在形象外，大多數
車站都是粗老笨重、千篇一律的設計風格。直到我國大力發展
高鐵，對車站的設計才突破歷史傳統，有了大氣、開放、前衛
的設計風格，實現了華麗轉身。省會城市高鐵站以其特有的精
神風貌，展示了地域文化特點和時代精神元素。很多省會城市
高鐵站的內部設置巨大的浮雕或其他藝術設計，清晰顯示了城
市自身的特點、歷史圖騰或本省歷史發展脈絡。省會城市高鐵

站成為省會城市的文化品牌，為城市未來發展儲備文化意象和時代記憶。

例如，合肥計劃在高鐵南站打造首座安徽印象城。除了全國高鐵站普遍配套的餐飲、休閒、零售業態外，安徽印象城的首要目標是展示安徽形象。它最大的特色就是匯集「徽人文」「徽美食」「徽山水」「新徽商」四大板塊，讓遊客 30 分鐘盡覽安徽。

「徽人文」板塊將打造安徽第一地域文化長廊，主要展示城市的歷史文化、民俗文化、地域特產，如剪紙、安慶黃梅戲、蕪湖鐵畫等。

「徽美食」板塊打造舌尖上的安徽。在「徽美食」展區，致力於打造專屬特色美食聚集區，讓旅客品味舌尖美食。

「徽山水」板塊展示大美安徽。這裏不僅有安徽聞名世界的風景區設立的體驗展館，更有為旅客打造一站式旅遊的集散服務區。這個區域將集中展現大美安徽山水旅遊形象，為往來遊客提供旅行建議、出行服務。

「新徽商」板塊展示徽商風采。「安徽造」在全國聲名遠播，安徽印象城通過企業展示，向顧客展現新徽商風貌，豐富城市名片的內涵。

突破傳統佈局的省會城市高鐵站，為城市發展提供新的

平台。事實上，新型佈局的高鐵站正大量地出現在不同的高鐵線上，剛開始人們大惑不解，高鐵站為何設在離城市中心很遠的地方？這樣原有車站得不到更好的利用。實際上，高鐵車站的設計基本上被高鐵線的選線限定，高鐵線要以相對直向的線路為主，越直越有利於高鐵的運行安全。如果要配合既有線路，勢必會增加曲線設置，增大拆遷難度，從而增加投入，增加鐵路安全風險。

以濟南為例，既有濟南火車站在城市中心，的確更方便人們出行。高鐵站如設計在既有車站，不僅會帶來大量的拆遷工作，也不利於大型高鐵站的運營。所以京滬高鐵將濟南高鐵站建設在距離城中心一二十公里遠的槐蔭區。新建設的濟南高鐵西站雖然距離城市中心和既有車站較遠，但直接帶動了西部新城區的建設。這座高鐵站的建立，不僅重塑了城市品牌，更重要的是改變了濟南市未來城市發展的佈局，成為高鐵線上值得記憶的車站。在各省會城市中，類似濟南高鐵西站的設計絕非一家。遠離城市中心區而設計的高鐵站，會為城市發展帶來簇新效應，直接拉動城市建築樓羣的發展，催化城市規劃的重新佈局，為城市未來發展留下更多空間。

如果說中國的每一座高鐵站都像一面旗幟，那麼特大城市的高鐵站就是具有形象視覺記憶的特大旗幟，而省會城市高

鐵站則是帶有鮮明特點的一面面大旗，旗幟上面標記着地域特色、時代特點和建築審美。

第三節　高鐵線上的明珠城市

對眾多的二三線城市而言，它們獨有的自然、歷史和文化魅力，構成了最新的高鐵車站風景線。這些城市成為高鐵線上的明珠城市，時刻在彰顯着高鐵速度之美與時代特色之美以及地域特色之美的融合。

哪些城市能成為高鐵線上的明珠？所謂明珠城市，就是具有豐厚的自然、歷史、文化資源積澱，或者具有時代特色的城市，這些城市從行政隸屬和規模上來說相對較小。但這些城市或以風景，或以歷史，或以文化，或以科技，成為遊客嚮往的地方，高鐵抵達後，它們發展成為明珠城市。明珠城市或依據自然優勢，或憑藉歷史文化風貌，或依附現代科技支撐，具有鮮明的特質。這特質或厚重，或婉約，或澄明，或新鮮，帶給旅客耳目一新的享受。高鐵將這些明珠城市串聯起來，構成優美的畫卷。

明珠城市的特點構成靚麗的高鐵發展線。傳統火車的慢，從欣賞沿線風景的角度固然是一種情調；現代高鐵的快，對享

受明珠城市的韻味而言則另有一番情調。例如，京滬高鐵沿線的明珠城市，不僅可以帶來泰山之巍峨壯美，也能顯示蘇州之小橋流水；不僅能讓你感受曲阜儒家文化的博大精深，也能讓你感受南方水鄉的柔曼之氣。乘坐高鐵穿越這些城市，旅客就可以在「飛翔」之美中享受歷史的輝映，也可以在現代的氣息中感受城市文化。明珠城市所呈現出來的一幅幅圖畫，恰如精心設計的一本本圖書，每一本都會給我們帶來愉悅的享受。

明珠城市既有歷史的閃光，也有現代人的創造。高鐵改變了大城市的格局，影響了省會城市的規劃，也給明珠城市和車站注入了現代活力。在許多具有紅色記憶的城市中，高鐵車站以鮮明的革命文化元素提醒人們不要忘記歷史，讓歷史快速走進我們的視野。現代生活的節奏，隨着高鐵建設完成最完美的抵達，在抵達的過程中，歷史不再沉重。當為歷史注入了時代發展的活力，注入了現代人思考的色彩，歷史就會書寫出當代人的奮鬥史。于家堡車站、雄安車站、南昌車站……這些高鐵站的建立，為無數中國人找到了存留城市記憶的平台。

打造環繞明珠城市的經濟圈，讓明珠城市更加璀璨。每一座明珠城市都有歷史與現實相互交織的記憶，每一座明珠城市車站的建立，都如向湖水中拋擲的一塊石頭，泛起的波紋延伸至城市經濟圈。高鐵為城市喚醒歷史記憶的同時，也為城市

紹興北站　　　　　　　　　　　　　　　　　　/ 薛貴寶 攝影

現代化注入了時代活力。

　　位於江蘇省南部的無錫有「太湖明珠」之譽，是國家歷史文化名城。2010 年滬寧城際鐵路通車，無錫設惠山站、無錫站和無錫新區站，成為「公交化」高鐵線上的城市；2011 年開通運營的京滬高鐵設無錫東站，使無錫進入上海半小時生活圈，從無錫出發，四小時可達北京。2009 年，無錫以建設高鐵站為契機，規劃建設全國首個高鐵概念新城區──錫東新城。錫東新城商務區規劃面積 44.06 平方公里，規劃人口 32 萬人，戰略定位「三中心、一樞紐」（無錫城市副中心、錫山行政文化商務中心、生產性服務業集聚中心和蘇南區域客運樞紐）。自規劃建設以來，錫東新城完成與周邊城市

的交通開發，城區內地鐵可與高鐵零距離換乘，構建了全方位的立體交通體系；中鐵一局城軌公司等企業入駐，十幾個重大項目落戶，錫東新城經濟實現快速發展，2016 年財政收入達16.5 億元，同比增長 24.8%；城市功能不斷完善，電子商務、旅遊度假區、電動車等產業加速發展，產學研合作的創新驅動也在不斷展開。高鐵的發展，見證了錫東新城的崛起，也將使錫東新城成為無錫靚麗的東大門。與此同時，蘇州、常州、鎮江等城市基於城市特點，發展不同產業，協同區域中心城市發展，一個以「上海知識型服務業體系」「蘇州、無錫等區域特色新型製造業產業體系」為核心的區域聯動發展新模式逐漸形成。

高鐵為明珠城市的當下和未來描繪藍圖。人們更喜歡追求高大上的意境，而缺少對一個城市的深入體察。近幾年，隨着我國高鐵線路的延伸，一些「藏在深山人未識」的小城，正成為大城市遊客嚮往的對象。中國高鐵正如一位發現者，它開發了這些城市，為這些城市的當下和未來描繪着充滿希望的美好故事。

第四節　旅遊線上的高鐵車站

中國高鐵是改革開放近三十年後，在人們生活水平普遍提高的情況下，逐步發展起來的。已經不再被溫飽問題困擾的

中國人，開始有了新的生活追求。旅遊成了城鄉居民更加時尚的精神需求。「外面的世界很精彩」，到更多的地方走一走、看一看，成為無數中國人的行動計劃。在這種環境下，高鐵步入中國人的視野，無疑為中國旅遊的發展助力。

高鐵會盤活旅遊線路嗎？旅遊由傳統的少數人才能享受得起的消費行為發展成今天大多數人都能消費得起的生活方式，這既是因為生活條件發生了變化，更是交通條件改善的結果。和傳統的旅遊方式不同，現代中國人的旅遊，更多地開始瞄準特色旅遊、出國旅遊、個性化旅遊、邊疆旅遊等，單一性質的旅遊或團隊式旅遊已經成為「落伍」的方式。新的旅遊方式促進了人們對交通工具選擇的改變。高鐵的出現無疑讓人們的旅遊出行方式有了更多的選擇。

高鐵讓城市周邊旅遊成為時尚。從北京出發，一天的周邊遊，人們可以選擇天津、保定、滄州、唐山、石家莊、濟南等城市，而如果是周末兩天遊，人們可選擇北戴河、泰安、邯鄲、曲阜、鄭州、太原、葫蘆島、開封，甚至還可選擇南京、瀋陽、合肥、洛陽、平遙、武漢、西安、青島等城市。上海、廣州及深圳也同樣如此。這種一天或兩天的旅遊，適合大中城市的工薪階層周末出去休閒。高鐵讓工薪族享受到自然的美好，感受到短途旅行的樂趣。

　　高鐵讓分線旅遊成為首選。分線旅遊是指根據不同的旅遊景點，選擇不同的高鐵線進行旅遊。一個在大城市居住的人，如果採用散點透視的方法，可以為自己設計出不同的旅遊線路。如果這些線路正好對應假期的計劃安排，那麼他在一年之中可享受更多美景遊。高鐵分線旅遊之所以成為旅遊者的最愛和首選，在於高鐵車次安排的定時性。因可控的因素較多，遊客自然就喜歡這種旅遊方式。

　　武廣高鐵全長 1 000 多公里，跨長江、越湘江、穿南嶺、銜珠江，貫通湖北、湖南和廣東三省，途經 16 個城市，是京廣高鐵的南段。武漢—廣州段的最快運行時間不到四小時。據《現代商業》期刊文章統計，武廣高鐵開通後，沿線城市的旅遊人次迅速增長，多個城市由原來的旅遊過境城市發展為旅遊目的地城市，武漢市春節期間客流量由 2010 年的 181 萬人次增長至 2017 年的 836 萬人次。此外，以武漢、長沙、廣州為節點的旅遊圈逐步形成。出行時間的縮短還催生出省內周末遊等短途旅遊。

　　高鐵旅遊專列帶來「快旅慢遊」體驗。2016 年上海鐵路局在杭州舉辦 G20 峰會期間，首開高鐵旅遊專列進滬遊，推出上海雙園一日遊、精品二日遊和華東五市精華遊等旅遊產品，滿足遊客的多樣化需求。2016 年 6 月 26 日 7 時 28 分，滿載 930 名遊客的廣州南至黃山北 G4682 次旅遊專列從廣州南站開出。

武廣高鐵跨京珠聯絡線特大橋 　　　　　　　　　　　　　/ 王冬生 攝影

這是廣州鐵路（集團）公司開行的首趟高鐵旅遊專列，由廣東
鐵道中國青年旅行社根據市場需求組織開行。專列的車次、線
路、開行時間等都根據客戶需求量身定製。廣東鐵道中國青年
旅行社細化服務措施，推出特色化的專列服務，使遊客乘車
更加方便、舒適。2016 年 6 月 29 日 9 時 53 分，濟南西至琿春
G4116 次旅遊專列從濟南西站開出。濟南鐵路局為此次高鐵旅
遊專列精心設計了高性價比產品 —— 延吉、長白山等觀光避暑
六日遊，讓遊客可以領略到長白山美麗的自然風光。2017 年元
旦期間，又一高鐵旅遊專列從上海啟程駛往浙江省溫州市蒼南
縣，遊客可遊玩東南沿海漁寮金沙灘，早上可在海邊迎接新年

清晨第一縷陽光；可隨漁船出海捕魚，體驗漁夫捕魚的樂趣；可領略浙江最美鄉村 —— 碗窯古村落文化，體驗自製碗罐，變身新年製陶小達人；可面朝大海點亮許願孔明燈，放飛新年新希望。上海鐵路局充分考慮遊客的不同需求，將山、海、人文、美食等元素完美結合，精心編排不同旅遊項目，行程設計為三天兩晚，在往返和旅遊途中開展豐富多彩的迎新主題和文明旅遊系列活動，為遊客帶來全新的旅行體驗。2017 年 3 月，河南洛陽、焦作等地景區舉辦賞花節，鄭州鐵路局以此為契機，在鄭州東站開行了四趟高鐵旅遊專列，開展多渠道營銷宣傳，最大程度增運增收，助遊客盡享春日美景。2018 年 12 月 25 日，杭州至黃山的杭黃高鐵正式開通運營。當天，「千島湖號」高鐵旅遊專列滿載 400 多名江蘇遊客從南京南站首發，途經杭州、富陽、桐廬、建德等浙江西部旅遊熱點城市，抵達國家首批 5A 級旅遊景區之一的千島湖。此外，為慶祝杭黃高鐵開通運營，千島湖景區推出坐高鐵免費遊優惠政策：自杭黃高鐵開通之日起 30 日內，遊覽千島湖景區免門票。2019 年 5 月，貴州省首條景區直達高鐵環線旅遊專列正式開通，將串起黃果樹瀑布、西江千戶苗寨、銅仁梵淨山等多個知名景點。[1]

1　資料來源於中國國家鐵路集團有限公司網站。

杭黃高鐵線路示
意圖

黃山迎客松　　　　　／劉佳 攝影

宏村古鎮　　　　　／劉佳 攝影

　　邊疆旅遊期盼着高鐵發展。邊疆雖然遠，但很多邊疆地區的自然風景具有不可複製性。邊疆風景呼喚着遊客去遊覽，但交通不便成為游客們觀賞美好風景的阻礙。邊疆風景需要更多遊客觀賞，邊疆風景呼喚高鐵的快速抵達。高鐵的開通既能提振當地的旅遊業，也能讓更多人感受到不同地域的特色與風情。吉林省位於我國東北地區，旅遊資源豐富，龍灣國家級森林公園、長白山自然保護區、高句麗遺址、鴨綠江峽谷等

處兼具自然與人文資源。哈大高鐵開通後，吉林省以高鐵為依託，建設植物園、公園、休閒度假區等，吸引了大量遊客。「八縱八橫」的京哈、京港澳通道全線建成後，將打通吉林甚至東北與國內其他城市的連接通道，從而更充分地發掘當地的旅遊資源。

高鐵讓旅遊成為美好的過程。如果說慢旅行是一種情調，那麼乘高鐵旅行，則是一種享受。乘坐高鐵出行，窗外飛速而過的美景如快速翻過的一幀幀畫面，像歷史之手掠過，如自然之手拂塵，又像一陣清風拂過。高鐵的暢達，讓旅途成為

哈大高鐵　　　　　　　　　　　　　　　　　　　　　／楊濱 攝影

速度與畫面的完美結合體，讓站點成為一個驛站，讓遊客輕鬆抵達一處處盛景。速度越來越快的高鐵對遊客而言的確是出遊的「利器」。高鐵為旅遊拓展了未來，提升了旅遊的品質，讓每一位遊客享受舒適的旅程。從出行開始，到旅遊結束，因為有了高鐵的助力，每一位遊客更能體驗旅遊的美好。

未來的中國高鐵速度會更快。乘坐高鐵旅遊，讓旅遊時光增添更多時尚因素。旅遊美景與飛速高鐵的結合，刺激着高鐵向更加人性化的方向發展。隨着更多高鐵旅遊線路的開闢，相信會有越來越多的遊客找到屬於自己的旅遊路線。

第五節　高鐵帶動城市文化的重塑

什麼是城市文化？不同的人對此有不同的定義，但一般可以從兩個角度來理解。從城市的角度看，可以認為城市文化是城市居民在長期生活過程中創造的，是城市生活環境、生活方式和生活習俗的總和；從文化的角度，城市文化是人們在城市中創造的物質和精神財富的總和，是城市人羣生存狀態、行為方式、精神特徵及城市風貌的總體形態。高鐵在改變城市交通方式、拓寬生活圈、拉近城市間距離的同時，也催生出一小時交通圈、雙城生活、城市周邊遊、城市羣等新興概念。這些

伴隨着高鐵發展誕生的新興概念，為城市注入了一個又一個新的文化元素，讓城市文化得以重塑。

高鐵重塑了城市的生活習俗，疊加了城市文化。每個城市的特色文化中都有歷史的記憶、地域的特點、歷史名人的故事。這種文化既是時間的疊加，也是空間的疊加；既是歷史的疊加，也是技術的疊加。我國幅員遼闊，有溫柔似水的江南水鄉，有四季如春的南方春城，有粉妝玉琢的冰雪世界，更有重疊起伏的山巒和廣袤無垠的草原。去南方避暑，去北方賞雪，體驗不同地域的文化習俗，越來越成為一種常態。一方水土養一方人，而高鐵讓大多數城市的居民都可以享受到全國各地的美食，體驗到異域的飲食文化，高鐵極速達的物流配送，可將山東櫻桃、丹東草莓、贛南臍橙等農特生鮮產品快速運送到主要消費城市。高鐵的開通促進了鄉村農業園發展，可以為城市居民提供農業活動體驗、果蔬採摘等服務，讓更多城裏人到田園裏接觸果蔬，而不僅是到周邊超市採購。回家過年、吃團圓飯是春節念鄉的隆重儀式，而高鐵拉近的時間距離，讓許多人能踐行「常回家看看」的孝老新風。現在，歡度節假日的方式日漸豐富，無論近遊還是遠足，和家人一起乘坐高鐵出遊都是理想的選擇。

據中國旅遊研究院資料，2000—2017 年，春節假期旅遊

人次和旅遊收入的複合增長率分別為 15% 和 21%；2018 年春節黃金周期間，全國接待遊客 3.86 億人次，旅遊收入達 4 750 億元。其中，東北地區旅遊消費增長迅速，部分滑雪場消費人次增幅高達 30.4%，遊客來源城市前十名為北京、瀋陽、上海、哈爾濱、深圳、廣州、南京、武漢、杭州和蘇州。中國旅遊研究院院長戴斌 2018 年撰文稱「過年旅遊已成春節新民俗」。快速的高鐵給城市帶來了更舒適的生活環境，提供了更多樣的生活方式，讓城市居民可以體驗不同地區的生活習俗，在潛移默化中重塑着城市文化的未來。

高鐵重塑了城市的生活方式，營造了動態文化。高鐵為旅客提供了快捷的出行方式，其時空轉換會直接影響城市居民

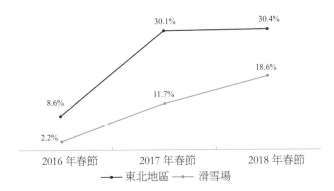

東北地區旅遊消費人次增幅

/ 來源：國家旅遊局數據中心＆銀聯商務股份有限公司
旅遊消費大數據聯合實驗室

對生活方式的選擇。這種無形中形成的文化觀念轉變會影響居民日常的心理行為，為思維的時代性改變提供力量。城市不再是工作、生活的限定區域，越來越多的年輕人在大城市工作、在小城市生活。

中鐵銀通卡（見第五章第三節介紹）的開通，讓高鐵成為中心城市與周邊城市之間「公交化」的交通工具。在北京、上海、廣州、深圳以及它們周邊的城市，雙城生活方式變得越來越常見。高鐵擴大了城市的生活圈，城市居民在周末不僅可以選擇所在城市的公園、餐廳、商場等安排休閒活動，還可以搭乘高鐵輕鬆到周邊城市旅遊，體驗當地文化、品嚐特色美食。

高鐵在給城市注入發展活力的同時，也帶來南來北往的旅客。這些旅客的快進快出，加速了文化信息的交流和其他信息的傳遞。高鐵成為動態文化的源頭活水，直接或間接地影響着城市文化的靈動性。

高鐵重塑了城市的生活環境，營造了生態文化。高鐵車站是城市對外交流的主要窗口之一，擁擠不再是人們對車站的印象，整潔明亮的候車環境為出行增添了舒適與愜意。在高鐵車站、高鐵樞紐、高鐵新城、高鐵經濟試驗區等的帶動下，城市不斷完善基礎設施建設，打造乾淨整潔的市容，樹立新的城市名片和形象。

江西省上饒市從 2015 年開始的環境整治，圍繞核心區和高鐵沿線進行環境衛生、戶外廣告、亂搭亂建等的重點治理，隨意堆放的建築垃圾、生活垃圾消失，荒廢的礦山和工地變成了綠地；從 2018 年開始進一步推動了全市城鄉的環境整治，樹立了整潔美觀的城市形象。同樣地，長沙連接了京廣高鐵與滬昆高鐵，以高鐵長沙南站為中心發展的長沙高鐵新城不僅成為綜合性的交通樞紐，更是商務辦公、休閒娛樂、優美宜居的城市副中心。

高鐵作為新生事物，使很多傳統上認為難以實現的目標得以實現。高鐵自身技術創新的實現昭示着人們要以開放的心態、勤勞的作風、集成的創新去實現理想。

第六節　與智能化對接的時尚生活

當前智能化已抵達城市人的生活，高鐵則成為當代中國人智能化生活的首選之一。

智能化的高鐵滿足了人們在旅途上延續活動的需要。飛機在高空中飛行，人就要暫時「消失」一段時間，對普通百姓來說相對容易接受，而對直接管理一個大型企業的領導者而言，「消失」的時間越久，越不利於工作。隨着 5G 時代的到

來，對於「時間就是生命」的現代人而言，乘坐高鐵可以避免乘坐飛機時的「失聯」狀態，可自由地享受旅途而不影響工作。

高鐵的智能化體現在人乘坐高鐵時，可以運用互聯網工作。京津城際鐵路在 2017 年 8 月測試了超高速無線通信技術，測試顯示 Wi-Fi 信號很穩定，網速很快。目前，「復興號」動車組上已實現了 Wi-Fi 信號覆蓋，旅客乘坐「復興號」可免費使用 600MB 的上網流量。高鐵無線網絡的使用，讓習慣於現代生活的旅客不會產生與日常的脫離感，讓更多的旅客可以在高鐵上輕鬆處理工作、生活、學習問題。

高鐵的智能化的運用當然還表現在鐵路售票管理系統帶來的便利。售票系統讓旅客徹夜排隊買票的現象成為歷史。2010 年中國鐵路 12306 網開通，最初人們可以在網站上查詢列車時刻表、票價、餘票等信息，此後採用雲計算、大數據、移動互聯網等先進信息技術，開發了電子支付、鐵路 12306 手機 App 及實名制核驗等服務功能。旅客通過鐵路 12306 手機 App 可實現自助購票、改簽、退票等業務。不僅如此，遊客通過鐵路 12306 手機 App 還可享受到互聯網訂餐、高鐵接續換乘、動車組選座等智能化的服務。

進站不僅可以刷車票、刷證件，還可以「刷臉」。人臉識別進站，得益於自助實名制核驗閘機的投放使用。傳統的進站檢票

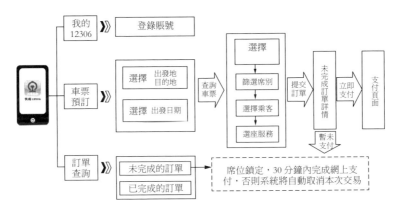

通過鐵路 12306 手機 App 的購票流程

需要旅客把車票和證件交給工作人員，工作人員核實蓋章後交還旅客，由於過程較長，在客流高峰期往往增加旅客進站的等候時間；現在的自助進站，只需要旅客在閘機刷證件的同時臉部對準攝像頭，等待 2～3 秒即可，減少了旅客進站的等候時間。

據新華網報道，2019 年春運，北京鐵路局進站口新增 167 台自助實名制核驗閘機，共 40 個車站 307 個通道支持自助進站。率先推廣自助實名制核驗閘機的長三角地區，2019 年春運在上海、江蘇、浙江、安徽等地 34 個車站新增 402 台自助實名制核驗閘機。在自助進出站方面，海南環島高鐵試點電子客票，旅客憑身份證可實現自助進出站、自助檢票乘車、自助辦理車票退改簽和變更到站。

2019 年 5 月 22 日，鐵路 12306 手機 App 開通了所有旅客列車候補購票服務功能，可根據旅客需求在有退票時自動購買。據《人民日報》報道，2019 年春運期間，鐵路 12306 手機 App 單日最高點擊量達 2 000 億次，2018 年 12 月 23 日至 2019 年 1 月 27 日，全國鐵路日均售票 1 297.9 萬張，鐵路 12306 手機 App 日均售票 1 088.7 萬張，佔總售票量的 83.9%。此外，自助售取票機在車站、學校等場所的廣泛分佈，讓旅客可隨時隨地購、取車票。

高鐵未來還有更多的智能化服務值得期待。在一些高鐵站投放的旅客出行小幫手「鐵小妹」機器人，可讓旅客快速查詢候車室、檢票口、列車正晚點等信息；旅遊城市車站配備的多語種翻譯機方便外國旅客購票乘車；旅客通過列車上的智能售貨櫃可自助購物；「鐵路 e 卡通」支持旅客掃碼乘車；「高鐵極速達」可將新鮮的農產品快速運送到用戶手中。一項又一項特色服務的推出不斷滿足旅客個性化、信息化和智能化的出行需求。

2019 年年底開通的京張高鐵，亦採用智能化動車組，實現高鐵列車的自動駕駛，其沿線高鐵站也將配備智能機器人，它既能幫助旅客運送行李，也能自助導航。

智能化的運用還體現在人們在高鐵上下的銜接。毫無疑

問，旅客未來不僅能乘坐無人駕駛的高鐵出遊，還能享受與城市服務的「零距離」對接。未來的城市發展，信息化程度會越來越高；未來高鐵的智能化，是高鐵智能化與城市智能化的良性互動。在下高鐵前的半個小時，你就可以在高鐵上啟動家中的電氣設備，在炎熱的夏季提前打開空調，在寒冷的冬夜，提前打開煲湯的電飯煲。高鐵的智能化與城市智能化的統一會讓城市生活更加愜意。

　　高鐵為旅客帶來的絕不僅僅是速度提升，更有智能化、信息化的服務。高鐵智能化讓出行不再只是滿足旅客的基本需求，更像一個城市的延伸，讓旅客在旅途中也能感受到家的溫暖！

第五章
高鐵改變時空

　　在中國傳統社會裏，受交通條件的限制，人們更喜歡享受田園般的農耕生活。到了近現代社會，工業革命帶來了交通工具的飛躍發展，火車、汽車、飛機等為人類的快捷出行插上了「飛翔」的翅膀。同樣的時間，在工業社會裏，人類擁有更多的時空選擇，交通文明的進步意味着人類整體的進步。雖然技術倫理告訴我們，現代交通技術也給人類帶來了很多弊端，但我們應該客觀地承認，交通的改變、速度的提升改變了現有的一切。這對每一個國家而言都是如此。速度關聯交通，交通改變了人類的時空觀，交通發達意味着無形中人的活動空間加大了，能力增大了。

　　高鐵對時間的節約不僅增加了人類的活動空間，更重要的是改變了人類的時空觀，隨之形成同城化格局、五小時生活圈等。高鐵沿線會逐漸形成經濟帶，城鄉差異會逐漸消除，自然也會改變產業格局。中國高鐵像一個速度魔法師，在一點一點地改變着在高鐵沿線生活的人們，改變着人們的生活狀態，讓人類對世界和自身有了更深層次的認知。

第一節　同城化格局的形成

　　高鐵改變了一城一體的格局，為同城化帶來了更多可能性。國內外專家的研究表明，高鐵以其舒適、安全、快捷的特點，影響着人們的生活、工作、學習、旅遊、創業等方面，也改變着城市自身發展的格局。

　　自從 2008 年京津城際鐵路開通以來，我國高速鐵路網在不斷建成擴大，城市間、區域間的旅途時間大幅壓縮，同城化效應日益顯現。例如，北京和天津兩地間 30 分鐘可達，上海和嘉興之間 27 分鐘可達，廣州和佛山之間 18 分鐘可達，南京

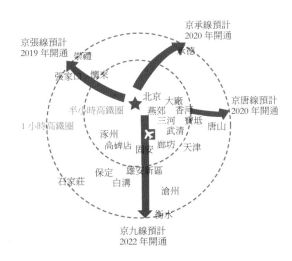

京津冀同城化格局

和鎮江之間 19 分鐘可達，成都和德陽之間 23 分鐘可達。

　　所謂同城化，就是指一個城市與相鄰一個或幾個城市，在政治、經濟、社會、生態環境等各個方面的協同發展，形成你中有我、我中有你的發展態勢，從而既發揮各自優勢，又聯合各類資源，變固態優勢為動態優勢，形成同城化共同體。

　　交通運輸是實現同城化的先決條件，而高鐵在我國的交通運輸中扮演着重要的角色。高速的列車拉近了城市間的時空距離，快速便捷的交通網絡有效地促進了城市間生產要素的流通，加強了城市間的聯繫，促進了資源、信息和人才在城市間的聚集與擴散。高鐵大大提升了人們出行的快捷性，有效地激發了人們潛在的出行需求。

　　得益於快速交通的同城化加速了市場要素的流動。地理、歷史、觀念尤其是交通條件等因素讓不同地區間市場要素的流動存在壁壘，阻礙了地區優勢的充分發揮，降低了資源配置的效率。高鐵的出現突破了運輸時間和運輸能力的限制，加速了人員等市場要素的流動。

　　例如，根據中國鐵路總公司統計，至 2011 年 10 月，中國高鐵動車組發送旅客突破十億人次；至 2014 年 10 月，高鐵動車組發送旅客突破 30 億人次；至 2016 年 7 月，高鐵動車組發送旅客就突破了 50 億人次；而僅僅過了一年，高鐵動車組發

送旅客突破 70 億人次。截至 2017 年 9 月底，高鐵動車組列車旅客發送量佔列車總旅客發送人數的比例已由 2008 年的 8.7% 增長到 52.3%，單日最高發送旅客達到 760.7 萬人次，列車最小追蹤間隔時間僅三分鐘。由此可見，乘坐高鐵的人數越來越多。高鐵主要是通過縮短區域間的時間距離來優化資源配置的。速度、技術與便捷、優質的服務，打破了空間距離，縮短了時間距離，拉近了心理距離，整合了人文距離，淡化了城市間的形態邊界，從而使有限的資金、技術和人力等資源得以充分利用和合理配置，最大程度地滿足經濟發展需要。以德州市為例，德州東站是京滬高鐵及太青客運專線的中間站，在京滬高鐵開通之後，德州與北京、天津的聯繫更為密切，截至 2014 年，北京的 200 多家企業和天津的幾十家企業陸續落戶德州，同時高鐵也帶動了德州勞動力的向外轉移，德州有近 40 萬勞動力向北京、天津轉移，十多萬勞動力向濟南轉移。

高鐵對市場要素流動性的提升優化了產業結構，帶動了中心城市周邊區域的發展。同城化帶來的突出變化就是由過去的單體發展向複體發展，由單一模式發展向多元化模式發展，從而形成優勢互補的城市羣和協同發展的城市羣。高鐵縮短了區域城市間的時空距離，依託高鐵所產生的「同城效應」，打破了城市長期發展過程中畫地為牢、相對隔閡的發展

模式，實現了區域資源共享，加快了產業梯度轉移，有效推動了區域內產業優化分工。各城市圍繞高鐵構建產業鏈，形成比較優勢，促進沿線地區產業協調發展。

例如，隨着京滬、滬寧、滬杭、寧杭等高鐵的開通，長三角地區逐步形成協同分工、有序推進、錯位發展的產業體系，有效支撐並在很大程度上促進了上海的知識型服務業體系，杭州以文化休閒旅遊、電子商務等產業為核心的高附加值產業體系，寧波以港口物流、現代商貿為主的商貿產業體系，以及蘇州、常州、無錫等具有區域特色的新型製造業產業體系。

第二節　五小時生活圈

五小時生活圈實際上是在同城化的基礎上，讓所有的旅行者和高鐵沿線的人對生活有了更多的選擇。下面選取一條高鐵做縮影式分析。

2019 年 6 月 3 日，昌贛高鐵全線鋪軌貫通，2019 年 12 月底正式通車。昌贛高鐵全長約 415 公里，北起南昌，南至贛州，貫穿南昌、宜春、吉安、贛州等四個設區市以及 26 個縣（區、市），全線設南昌、橫崗、豐城東、樟樹東、新幹東、

峽江、吉水西、吉安西、泰和、萬安、興國西、贛縣北、贛州西 13 個車站，設計時速 350 公里，是國家《中長期鐵路網規劃》中南北大通道京九高鐵的重要組成部分。這條鐵路北接昌九城際鐵路、向莆鐵路，南與贛瑞龍、贛韶等鐵路相連接，在南昌與滬昆高鐵相交，共同構成了江西省「十」字形高速鐵路網主骨架。昌贛高鐵建成通車後，將形成以江西省省會南昌市為中心、覆蓋全省主要市縣區的 1.5～2 小時生活圈，以及輻射粵、閩、湘、浙、滬、皖、鄂等周邊省市及城市羣的四小時生活圈，極大地加強環鄱陽湖地區與粵港澳大灣區等周邊地區的聯繫。從廣州南乘坐高鐵最快不到四小時便可抵達南昌西；另有普速列車從廣州出發最快五小時左右即可抵達贛州。昌贛高鐵建成通車後，江西將實現市市通高鐵，井岡山革命老區、贛南等原中央蘇區將正式邁入高鐵時代，這對於改善區域交通運輸條件，促進沿線資源開發，加強東南沿海與中部地區的經濟交流，實現贛南老區振興發展具有重要意義。

　　學者黃日涵回憶說，當他還是一名學生時，從福建乘坐火車到北京至少需要 48 小時，而且經常買不到票，所以他對火車提速的渴望無比強烈。而如今，從北京到福州僅需七小時左右，朝發夕至，和親人團聚的快樂讓他感到幸福滿滿。從前，從北京到青島，坐火車需要一晚上，而如今，這一時間已

昌贛高鐵泰和贛江特大橋引橋　　　　　　　　　　　　／成海忠 攝影

縮短為三小時左右。高鐵正在改變着中國人的生活版圖。生活圈有多大，取決於交通的速度和效率。在城市裏活動，道路的通暢程度以及擁有的交通工具決定了一個人的生活圈半徑；在城市間生活，鐵路和飛機的便利性決定了一羣人的生活圈半徑。隨着高鐵不斷提速，人們曾經暢想的一日往返旅行變成了現實。從北京出發到山東、河北、山西，甚至上海、江蘇，都已經被囊括進一日生活圈。不管是想品嚐地道的杭州醉蝦還是南京鴨血粉絲湯，還是想欣賞黃山的美景，只需拿起手機預訂一張高鐵票，便可以輕鬆實現。隨着高鐵的提速，高鐵生活圈的出現在一定程度上緩解了部分城市逐漸在現代化過程中掉隊的問題，對促進人口流動、資源重新配置起到了良性的推動作

用。從國民居住習慣看，高鐵提速帶來的生活圈變化，也將緩解特大城市的人口壓力。高鐵提速縮短了沿線中小城市與大城市的時空距離，使得一部分大城市居民將置業的目標轉向周邊的衛星城市以及二三線城市。

　　事實上，隨着中國高鐵的逐步開通，會有越來越多的人像黃日涵一樣感受到高鐵帶來的生活圈改變。

　　省會城市之間五小時生活圈的形成，極大改善了相鄰省份之間人們的生活品質。相對於一小時的同城生活圈而言，五小時生活圈意味着各城市之間的人羣，有了更大的出行自

京福高鐵列車通過南岸特大橋　　　　　　　　　　／ 王利 攝影

由度。相鄰兩個省的省會城市，因為高鐵的開通，最多五小時就可以到達。合福高鐵打破了關山阻隔，大幅拉近了閩贛皖三省的時空距離，並串聯起了海西經濟區、環鄱陽湖經濟圈、江淮城市羣，從空間上形成了「公交化」出行的省際同城生活圈。

五小時生活圈為旅遊創造了更大可能。旅遊的空間要素十分重要，在一條高鐵線上，傳統鐵路要一天時間的路程，乘坐高鐵只要幾小時就可以到達，短途旅遊可以當天返回，即使到最遠的五小時終點站，最多也只需在賓館小住一夜，並不影響第二天的返程。這對旅客而言，意味着可以靈活選擇出遊時間。鄭西高鐵開通運營後，鄭州、西安兩市的旅遊部門簽訂合作協議，共同組織「鄭西高鐵一線牽，古都旅遊新體驗」旅遊宣傳推廣活動，設計開發面向境內外的高鐵旅遊產品，聯合打造高鐵旅遊品牌，效果十分明顯。京廣高鐵和滬蓉高鐵開通運營後，武漢到北京、上海、廣州和成都的旅途時間大大縮短，極大方便了旅客出遊。高鐵好像把中國各地的空間距離都縮短了。

五小時生活圈催生了新的生活理念，促生了城市綜合經濟體文化。高鐵將距離的縮短與互聯網的信息傳遞相互結合，帶來的是人與人之間、城市與城市之間、單位與單位之

鄭西高鐵　　　　　　　　　　　　　　　　　/ 許家安 攝影

間、行業與行業之間緊密與多元化的聯合，傳統單一的經濟交流方式被更多新型、多樣的交流體系代替。高鐵保證了交流的頻率和規律性，高鐵也在五小時生活圈的形成中，完成了自身體系的多元建設。高鐵五小時生活圈文化，還讓傳統的從業觀甚至擇偶觀發生了變化。年輕人已經不再把分城而居作為畏途，便捷的交通讓很多年輕人大膽選擇，並不排斥在另一個距離不遠的城市獲得愛情。對更多的年輕人而言，選擇到高鐵沿線的城市工作已經不是什麼稀罕事。高鐵在悄悄改變着這一切。

　　五小時生活圈加強了各省之間的多個層面的相互交流，帶動了城市文化發展的多元化。從政治到文化，從經濟到創新，從物流到人才，從項目選擇到規劃遠瞻，從功能疏解到城鎮化建設的加快，五小時生活圈帶來的是人們思想意識的變化、時空觀念的變化、創業理念的變化、城市格局的變化。

第三節　白領階層與高鐵佈局

　　對任何一個城市而言，職業的劃分總是相對的。所謂白領階層，一般是指城市裏從事腦力勞動且收入較高的管理者或者專業技術人員。同樣，高鐵技術本身就是高新技術，其涵蓋的相關從業者也是白領階層的一部分。

　　有專家、學者分析，白領階層在大中城市的分佈與高鐵佈局有着密切的關係。相對於普通的上班族和外地打工者而言，城市白領階層有着鮮明的知識傾向和從業選擇的偏狹性。一方面，他們擁有高端技術或者管理技巧；另一方面，他們也在積極尋找突破口，以期獲得新的利益增長點。

　　白領階層與高鐵城市的高效率更協調。白領階層中，相當一部分人是世界高新技術產業的創造者和參與者，因此在運行效率高、專利轉化快、盈利機會多的大中城市生活，無疑是

最佳選擇。從效率來看，高鐵能滿足白領階層工作效率高的需要，滿足他們在周圍城市快速推廣技術的需要。

　　從年齡段分析，白領階層有傳統上年歲的白領階層和近年來湧現的較年輕的白領階層。傳統的白領階層主要集中在金融、房地產、計算機、互聯網或者文化出版產業。對這部分白領階層而言，交通方式的改善，特別是高鐵的開通，對他們的日常工作和生活客觀上影響不是很大。傳統白領階層，遠途往往選擇飛機出行，近途則以小汽車為主。

　　對大中城市特別是新興城市而言，年輕白領階層的選擇，構成了城市發展未來的潮流。隨着城市新業態的誕生，交叉行業必將催生一批年輕白領階層。對年輕白領階層而言，他們尋求交叉行業的創業路徑，但同時又存在自身技術和財力積澱不足的現實性。因此，年輕白領階層在思想觀念上可能會突破地域束縛，追求性價比高的創業途徑。特別是從事互聯網、人工智能、大數據等現代信息類相關產業工作的年輕白領階層，他們不再追求傳統白領階層終身堅守一地不移的創業方式，而喜歡穿梭在不同的城市之間，靠自己的獨特追求，贏得事業的成功。高鐵成為他們成功的利器。有的年輕白領階層，為了規避大中城市的高租賃費，而將創業基地轉移到高鐵可以抵達的二三線城市。高鐵，成為這些白領階層選擇工作和

創業地點的導向器。在傳統白領階層那裏不可思議的事情，在年輕白領階層這裏成了生活的常態。高鐵，成了他們選擇不同城市生活的平衡器。這也為相對落後的二三線高鐵沿線城市提供了招引年輕白領階層落戶創業的一個機會。隨着同城化效應和五小時生活圈的形成，這種圍繞高鐵導向棒而發生的新白領階層自由擇業現象，值得高鐵沿線城市管理者的高度重視。城市年輕白領階層的選擇，從某種意義上說，也是高鐵影響技術創新路徑和經濟發展的另外一個方面。

高鐵，讓回家越來越輕鬆。2019 年春運期間，全國鐵路累計發送旅客 4.1 億人次，其中動車組發送旅客 2.4 億人次，佔比約 60%。從曾經的連夜排隊買票到如今的網絡訂票、刷臉進站。高鐵緩解了鐵路的「春運難」問題，不僅給白領階層帶來了輕鬆舒適的旅途體驗，也讓外出求學、外出打工的「流動中國」的旅客擁有愜意的旅途。因為有了高鐵，人們不再只是春節和暑假才可以回家了。高鐵旅途時間的大大壓縮，讓選擇在北京或上海工作而老家在河北、山西、山東、江蘇、浙江等近距離地區的白領可以周末回家，讓在北京或上海工作而老家在貴州、雲南、廣州等地的白領也可以選擇在節假日回家。在高鐵開通前，北京至昆明鐵路旅程需要 40 小時，而現在北京至昆明最快僅需十小時。高鐵縮短的旅途時間使得一年一度回

鄉過年探親的習俗，變成周末小長假「常回家看看」的日常習慣。返鄉的摩托車少了，奔走於高鐵各站點打「高的」的旅客多了。中國白領階層的這種變化，影響着中國城市化發展的進程，這是高鐵潛在影響的結果。

高鐵，讓雙城生活變得可能。異地工作、異地消費、異地置業、異地婚戀、異地求學，都成了尋常生活的組成部分。上海輻射着整個中國東部的經濟，圍繞在它周圍的蘇州、嘉興等城市中，有一羣每天乘坐城際鐵路往返家與公司的白領階層。北京至廊坊，高鐵耗時僅 21 分鐘，北京至涿州也僅需 26 分鐘，這樣的通勤便捷造就了大批每日「跨省上班」的白領階層。高鐵像一條紐帶，將難以計數的工作崗位和家庭生活連接起來。他們選擇了在城市間的通勤，適應了提前一周就買好下一周的票，會提前定好鬧鈴提醒自己每天早上不要晚點。年輕白領階層享受這樣的時光，在高鐵通勤路上，累了在座位上小憩，看看書，聽聽新聞，舒適的高鐵環境極大地減緩了通勤的困難。

2013 年，中國鐵路總公司與中國銀行聯合推出了中鐵銀通卡，類似「公交一卡通」，支持用戶刷卡購票、進站，提供一站式服務。旅客可以持卡至預留席車廂乘車，乘車時可按相應金額自動扣除卡中預存款。據 12306 網的信息，截至 2019 年 6 月，已有 31 條高鐵線路可刷中鐵銀通卡，包括京津城際

鐵路、滬寧高鐵、滬杭高鐵、寧安高鐵、廣珠城際、成渝高鐵
等線路。中鐵銀通卡很大程度上解決了高鐵上班族由於意外延
誤列車、搶不到票的困難情況。

　　從某種意義上說，高鐵是導向標。交通出行方便的地
區必將吸引大量的人才，對掌握高新技術的現代白領階層而
言，這些地區也逐漸受到他們的青睞。所以，高鐵佈局對吸引
人才、對城市發展無疑起着非常重要的作用。

第四節　京滬高鐵帶來了什麼？

　　京滬高鐵經過了中國人口密度最大的地區，以其高速、
高效、環保的特點，為沿線城市帶來了一種全新的改變。這種

持中鐵銀通卡進站

改變從視覺上給人一種時空壓縮的變化，一張京滬高鐵運行圖就是一張滿載着南北方景色的素描，給中國東部畫出了一條經濟軸線。

京滬高鐵重塑了沿線發展格局，走出了一條新型經濟發展之路。

1. 京滬高鐵改變了中國東部的交通版圖，有效提升了交通運輸能力

京滬高鐵縱貫北京、天津、上海三個直轄市和河北、山東、安徽、江蘇四省，連接環渤海和長三角兩大經濟圈。這兩大經濟圈是中國經濟發展活躍區，也是全國客貨運輸繁忙地帶。京滬高鐵把這兩個經濟圈連接起來，形成「啞鈴」形狀。

21 世紀初期，既有的京滬線佔全國鐵路 2.7% 的運營里程，完成的客運周轉量和貨運周轉量分別佔同期全國鐵路客運周轉量和貨運周轉量的 15.1% 和 8.7%，京滬線客運平均密度為同期全國鐵路客運平均密度的 5.5 倍。這意味着，全國近 1/10 的鐵路貨物運輸在京滬鐵路線上進行，而既有線路承受不了這麼大的運輸壓力，勢必出現運輸不暢的問題。

京滬高鐵 2011 年 6 月開始運營，連接北京、上海兩大超級樞紐，區位優勢無可替代。截至 2018 年 6 月 30 日，京滬高

鐵累計發送旅客 8.25 億人次，約佔全國高鐵客運量的 10%，成為我國最繁忙的鐵路客運線路。

　　京滬高鐵開通後，極大地縮短了北京、天津、上海、濟南、南京等大城市與周邊小城鎮的時空距離，如前所述，形成了圍繞中心城市發展的一小時生活圈，促使周邊小城鎮向衛星城的方向發展。沿線城市之間同步打造了「同城高鐵公交化」通道，使得人們的活動範圍、資源分配和利用範圍拓展到城市羣，改變了人們對活動空間和城市邊界的認識，形成了同城化格局及五小時生活圈，尤其是對濟南、徐州、德州、南京等沿線的城市來說，變化更為明顯。時空距離的縮短提高了人們的出行頻率。與普速鐵路時期相對比後可發現，京滬高鐵開通後，相鄰城市間每天和每周的通勤人數明顯增多，半年才往返一次的現象逐漸減少，交流頻率的提高使「同城效應」增強。這種「近圈」和「遠圈」的變化給京滬高鐵的人員流動帶來了明顯的疊加效應。

2. 京滬高鐵有效促進了沿線城市產業結構優化升級

　　產業結構是指農業、工業和服務業在區域裏經濟結構中所佔的比例。2011 年京滬高鐵開通運營以來，既有線路貨運壓力得到極大緩解，佔全國鐵路 1/6 貨運量的京滬鐵路的運輸

能力得到極大提升，沿線物流、人流和資金流等要素流動更為便捷，資源在更大區域內得到了優化配置，有力促進了北京、上海兩大中心城市部分產業向河北、山東、安徽、江蘇等沿途省份轉移。沿線城市成為承接環渤海和長三角兩大經濟圈產業轉移的新平台。區域產業結構向兩個方向發生變化：一個是綜合融通，如北京金融業與上海金融業的互補，山東主要城市第三產業與京滬的互補等；另一個是專業化，主要體現在工業部門向最佳區位集中，如汽車產業向京滬兩地集中，家電產業向山東的城市集中等。京滬高鐵開通後，沿線地區第二、第三產業結構得到了優化。

　　棗莊市作為京滬高鐵沿線上的一個資源枯竭城市、轉型試點市和示範市，居於京滬高鐵中段，作為環渤海經濟圈與長三角經濟圈的連接點，原本相對偏遠的地理位置具有接南納北的獨特區位優勢。京滬高鐵的開通為棗莊市吸引了大量投資者，帶來了技術、資金、人才、信息等要素資源，為棗莊市提升經濟發展質量提供了重大契機。根據棗莊市政府工作報告，自 2012 年以來，棗莊市堅定不移加快城市轉型，取得了經濟社會發展的新成就。2016 年，全市生產總值 2 142.6 億元，公共財政預算收入 147.4 億元，社會消費品零售總額 892.3 億元，分別是 2011 年的 1.4 倍、1.5 倍和 1.9 倍。城鎮、農村

居民人均可支配收入分別達到 27 708 元和 13 018 元，年均分別增長 8.4%、10.5%。5 年間，固定資產投資累計完成 7 127 億元，是上一個 5 年的 2.3 倍。第一、第二、第三產業結構比例由 8.1：58.9：33 調整為 7.6：51.2：41.2，產業結構持續優化。

濟寧市作為京滬高鐵沿線城市之一，在京滬高鐵開通後，很快融入了環渤海經濟圈、長三角經濟圈。圍繞濟寧優勢產業，濟寧市有針對性地開展招商引資活動，與上海、蘇州、無錫、天津等城市簽訂了多項產業轉移和配套合作協議，實現互補對接、擴散對接、連鎖對接，提高了產業集中度，構建起高層次產業基地。2018 年，濟寧市圍繞資源城市轉型需求，不斷調整發展思路、轉變發展理念，做優增量、盤活存量，經濟邁向中高端趨勢增強，第三產業增加值同比增長 7.4%，對 GDP 增長貢獻率達 54.6%，服務業佔比比 2017 年提高 0.8 個百分點，由工業主導向服務業主導的轉型趨勢逐步增強。

因為京滬高鐵的修建，蚌埠市的現代農業、製造業和文化旅遊業等產值均大幅增長。2013 年，蚌埠市先進製造業、傳統加工業和文化旅遊產業，分別實現產值 900 億元、280 億元和 198 億元，分別同比增長 25%、18% 和 25%。

京滬高鐵沿線站點城市濟南、德州、南京、徐州等，立足於發展成為先進製造業基地，包括一些戰略新興產業；而滄

州、泰安、宿州、蚌埠、滁州等地級市，以及滕州、崑山、丹陽等縣級市，屬於三線城市，更多發揮其在勞動力、土地、資源方面的低成本優勢，進一步承接來自二線城市的轉移產業，通過不斷改進生產效率和提升技術水平，重點發展勞動密集型、資源密集型產業。

京滬高鐵發展還有力地帶動了旅遊、商貿、餐飲、購物、文化等第三產業發展，為推動我國產業結構優化升級發揮了重要作用，通過「倒逼機制」，城市綜合服務產業鏈進一步完善。多家相關企業響應「京滬線戰略」的倡導，先後在蘇州、常州、濟南等沿線城市落戶，力爭通過高鐵線擴大市場。[1]

3. 京滬高鐵擴展沿線城市旅遊空間

京滬高鐵從北往南縱貫北京、天津、上海三大直轄市和河北、山東、安徽、江蘇四省，全程共設北京南、天津南、濟南西、南京南、上海虹橋等 23 個車站。京滬高鐵沿線集聚了大量重量級的旅遊資源，可以說是我國交通廊道沿線旅遊資源分佈最為密集、旅遊資源等級最高的區域之一。京滬高鐵沿線

1　林仲洪，楊瑛，田亞明．從京滬高鐵看高鐵經濟的重要作用 [J]．鐵道經濟研究．2017（1）：1-4.

的世界自然與文化遺產有故宮博物院、天壇公園、頤和園、明十三陵、北京猿人遺址、八達嶺長城、泰山、三孔、蘇州古典園林和明孝陵，國家級重點風景名勝區有八達嶺—十三陵、石花洞、泰山、瑯琊山、采石磯、南京中山陵、太湖，國家級歷史文化名城有北京、天津、濟南、曲阜、鄒城、徐州、南京、鎮江、蘇州及上海。另外，這條線路上還有 15 個國家 5A 級旅遊景區以及 100 多處全國重點文物保護單位。

　　京滬高鐵的高速度和準點性使得跨大區域的旅遊線路產品組合成為可能。京滬高鐵連接我國的經濟中心城市北京和上海，連接具有南北特色文化的蘇滬和冀魯，文化與景觀的多樣性為旅遊線路開發提供了更加廣闊的空間。京滬高鐵 23 個停靠站所在的旅遊景區，區間運行時間最長為 29 分鐘，最短僅為五分鐘，符合現代人快速到達旅遊目的地的期望。從京滬高鐵各區間站二等票的票價看，23 個停靠站 2～3 站區間票價單程大多可控制在 100 元左右，2～3 天內的旅遊線路可以使每次旅遊的人均總花費控制在千元以下。京滬高鐵沿線原來的旅遊線路產品為京津之間、濟南泰安曲阜之間（山水聖人旅遊線）和長三角之間（南京、無錫、蘇州、上海）的「一日遊」或「多日遊」旅遊線路。高鐵開通後，更多的旅遊資源和景區可以納入旅遊產品體系之中，這樣，在資源整合的基礎上，使

沿線區域旅遊線路產品的種類更加豐富，旅遊產品體系更加系統和完整。

京滬高鐵城市旅遊聯盟成立大會暨《京滬高鐵城市旅遊聯盟旅遊合作泉城宣言》簽約儀式於 2011 年 6 月 20 日在山東濟南啟動。京滬高鐵旅遊城市聯盟包括北京、上海、天津、南京、濟南、滄州和蚌埠七個京滬高鐵沿線城市。各聯盟城市將依託京滬高鐵，本着「資源共享、互利共贏」的原則，大力推進城市旅遊合作，共同打造「交通旅遊」的合作典範。

4. 京滬高鐵帶動高鐵新城發展的思考

史旭敏在《基於京滬高鐵沿線高鐵新城建設的調研和思考》（2015 中國城市規劃年會資料）一文中，對京滬高鐵開通後，高鐵新城建設的相應變化做了分析，他發現京滬高鐵的建設對沿線城市帶來了積極的影響，地方政府將高鐵站點作為城市發展的手段，希望以高鐵新城或新區為契機促成城市轉型，但對中小城市高鐵新城或新區建設存在一定隱憂。

每個城市都希望高鐵新城在城市的未來發展中起到催化劑的作用，大多定位為城市新的商務區、新中心區或者副中心，但部分城市高鐵片區規劃或者開發存在規模過大、定位過高的問題，缺乏相關產業和人口的支撐。京滬沿線城市高鐵新

城或新區規劃面積普遍在 30 平方公里以上，如滕州市達到了 40 平方公里，宿州達到了 50 平方公里，僅有泰安和蚌埠在十平方公里以下。

　　為此有學者指出，高鐵是把「雙刃劍」，高鐵能否為城市帶來效益，與城市本身的發展階段、資源稟賦以及經濟實力有關，一旦超過了當地城市的承載力或者與城市本身的發展方向不匹配，高鐵反而會造成城市資源、人才等的流失，即產生「虹吸效應」。

　　京滬高鐵帶來的變化，不過是中國高鐵沿線上的一個縮影。目前，京滬高鐵作為人口密度最大的一條經濟發展線，其運營是盈利的。和一些人口相對稀少的高鐵運營線相比，京滬高鐵帶來的變化是明顯的，對城市經濟的拉動和高鐵新城的建設影響也是巨大的。京滬高鐵作為全國高速鐵路網的一個參照，有其模範意義，也有其個性特點。對沿線人口密度相對較低、經濟發展相對緩慢的高鐵線而言，我們應該持怎樣的態度？是片面考慮近期利益，還是着眼未來發展脈絡，這值得高鐵研究者和經濟學家深入思考！

　　目前我國正計劃修建第二條京滬高鐵，第一條京滬高鐵帶來了沿線城市經濟的飛速變化，相信第二條京滬高鐵同樣也會成為振興沿線地區經濟的「黃金線」。

第五節　濃縮與擴大

英國人卡洛琳‧艾登 2014 年 5 月在《金融時報》上發文驚歎：「高鐵讓中國變小了！」從前的鐵路建設，慢慢悠悠，好像時光過得很慢。一條廣州通往武漢的粵漢鐵路，從 1896 年開始修，修了整整 40 年才通車；如今的高鐵建設，似風一樣快，頃刻間，大江南北到處通高鐵。旅客們上午還在珠江畔飲早茶，中午乘坐高鐵就可到桂林賞甲天下之山水，晚上又可在貴陽花溪十里河灘漫步了；旅客自然也可以上午才飲長沙水，中午又食武昌魚，晚上還可以悠然坐在國家大劇院觀看一場京劇。似乎，中國版圖一夜之間由現實的空間縮減到很小的高鐵地圖上。其實，並不是中國變小了，而是高鐵讓人們的生活圈擴大了，高鐵成了縮短時間和空間距離感的魔法師。

壓縮的是時間，擴大的是空間。每個人都渴望用很少的時間，辦成更多的事情。壓縮出的時間讓人類能更多地感受到空間的闊大、思維疆域的舒展。高鐵讓人的視野更加開闊，可以用節約下來的時間讓人們可以在更大的空間裏遊走。一個人的思維空間擴大了，對未來的想像力也就擴大了。

壓縮的是時間，延長的是生命長度。以我們當下的認知，祈求生命的無限幾乎就是天方夜譚。但面對有限的生

命，人類是否有延長生命的可能性？相對而言，對時間的節約，就相當於延長了人的壽命。高鐵的速度，為我們節省了大量的出行時間。人活在世上，必須從事各類實踐活動，出行時間的節約可以讓我們騰出更多的時間去做更多的事情。這壓縮的時間，提升的生命價值，的確是高鐵帶來的。越來越多的高速鐵路網在中國大地上鋪設開來，這意味着更多中國人可以節省更多的時間，意味着高鐵無形中為更多人辦事創業提供了更多機遇，意味着高鐵無形中為更多的中國人延長了生命。高鐵改變中國，改變的是空間（加大）和時間（壓縮），是生命的質量與機會，更是人生的品位和幸福。人民對美好生活的嚮往既有心理上的，也有生理上的，高鐵正好滿足了這種心理和生理上的雙重願望。

壓縮的是「旅」的時間，增加的是「遊」的時間。中國高鐵改變了旅遊的「行遊比」，真正實現了人們所期望的「快旅慢遊」，使旅遊更具休閒性，讓遊客能夠有更多時間去從容地享受旅遊的樂趣與愜意。旅遊品質的提升和旅途時間的縮短更加堅定了人們出門旅遊的決心。隨着中國高速鐵路網的進一步優化，遊客可以自由選擇相應的高鐵線路，旅遊者可以真正享受遊覽各地風光。出遊人數的增多為旅行社開發更多、更深層次的旅遊線路提供了重要條件。

　　濃縮的是發展的規劃，擴大的是未來的空間。高鐵，讓遙遠的距離不再遙遠，讓城市間的疏離不再疏離，讓互相隔離的規劃成為系統的一體。高鐵擴大的是規劃者的視野，形成的是城市的新格局，同時也為未來城市的飛躍發展尋找到時空融合的新境界。

　　濃縮的是科技含量，擴大的是創新成果。中國高鐵的技術成果發展凝結在工程實體和動車上，構成了標準化的科技模型，體現了中國高鐵設施的科技含量，顯示了中國高鐵長期發展的技術成果。在走向創新的道路上，中國高鐵不斷吸取國外高鐵技術成果的經驗，既不「故步自封」，也不盲目崇拜。數不盡的中國鐵路人恰如沙裏淘金的一羣人，為中國鐵路鑄金，讓中國高鐵沿着更加穩健的創新步伐前進，並將一代代創新的火炬向下傳遞。回顧中國高鐵的創新發展，每一步都會留下屬於中國人自己的創新成果，每一步又為後來的創新埋下了伏筆。中國人的自信力從高鐵技術的不斷提升中得到增強，中國高鐵技術在不斷擴大的創新成果中得到提升。

　　濃縮的是人的真情，擴大的是高鐵的溫情。中國高鐵普惠於民，不僅得益於高鐵技術的完善，也體現了中國鐵路人的細膩與付出。無論是工程建設中的每一個細節，還是動車組製造過程中的每一處設計，都濃縮了設計製造者的真實情感。這

種細膩的情懷，體現在旅途中，換來了旅客的滿意；體現在顧客的享受裏，擴大的是高鐵的溫情。中國高鐵的溫情文化，蕩漾在祖國的大江南北，也在向世界更多國家和地區傳遞。高鐵人將科技與人文融入工程項目的建造和動車組的設計製造之中，他們耐心打磨每一個細節，他們將實現中國高鐵夢想的宏大志向融入無數個為旅客着想的細節之中，打造出讓更多人感歎的中國高鐵的人文情懷。這種人文情懷，滿足了旅客觀感的需要、行動的需要、心理的需要，滿足了中國人傳統審美與現代時尚相結合的需要，讓高鐵之情成為大眾之情，讓高鐵之美成為鐵路之美，讓高鐵之氣成為祖國強盛之氣！

濃縮的是過去難以解決的問題，擴大的是更多解決問題的思路。中國高鐵作為一種交通工具，為中國人民帶來全新的享受；中國高鐵作為高新的技術集成，為中國人提供了諸多創新方法和解決思路；中國高鐵作為奔向未來的人類文明成果，在高鐵鋪就的文明之路上，值得人們思考的東西太多太多……

第六節　欣喜若狂的外國友人

瑞典遊客奧拉・馮・科斯庫爾在從上海到北京的高鐵上，將一枚瑞典硬幣立在了窗台上，想要試試在高鐵高速運行

的狀態下，這枚硬幣能「站立」多久。視頻剛剛開始時，奧拉還打出字幕「這不是變戲法，而是真的！」過了一會兒，有些無聊的奧拉覺得乾等着沒意思，乾脆直接給出了答案。在視頻的字幕上，奧拉寫道「這枚硬幣立住了八分鐘左右！」他的視頻不僅直觀地展現了中國高鐵的品質，也是外國遊客對中國高鐵的讚美。

根據央視新聞的報道，2015 年 11 月 25 日，第四次中國 — 中東歐國家領導人會晤（16 + 1）在蘇州圓滿完成系列活動後，國務院總理李克強與參會的中東歐國家領導人一起，乘坐高鐵前往上海。「旅客」們驚奇地發現，91 公里的路程，乘坐中國高鐵卻只花了 22 分鐘。儘管只體驗片刻，但這些坐在普通商務座的領導人們顯然被舒適平穩的中國高鐵「征服」，不少領導人和隨行官員饒有興致地看看這兒，摸摸那兒。波羅的海地區的國家領導人當時就表示，希望與中國積極合作，推進波羅的海三國的高鐵項目建設。

2015 年 10 月 14 日，前來中國參加比賽的西班牙球星納達爾心情不錯，他雖然在中國網球公開賽男單決賽中輸給了對手，但在趕來上海參加大師賽的途中，他做了一件一直想做的事情 —— 乘坐中國的高鐵。「乘坐中國的高鐵是我一直夢寐以求的事情。去年我就想這麼幹，今年我終於如願了。中國的高

鐵坐着很舒服，也很愉快，路上經過的地方景色還不錯呢。如果明年我還參加中國網球公開賽，我可能還會坐高鐵來上海。」納達爾在接受採訪時說道。像球星納達爾這樣的外國運動員，在中國乘坐高鐵時發出的感慨何止一二。中國高鐵正以其高雅的品質，走入每一位外國友人心裏。

自 2016 年 2 月 28 日起，俄羅斯第一頻道推出了一部名為《發現中國》的系列紀錄片。2016 年 4 月 3 日，該紀錄片主持人葉甫蓋尼·科列索夫記錄了乘坐中國高鐵的故事。「我 1994 年第一次來到中國時，火車時速還是 50 公里，而現在，時速達到了 300 公里！」鏡頭前，主持人一臉驚歎地說道。站在廣州火車站前的他帶興奮地介紹着中國擁有的「全世界最快的高鐵」，候車大廳的周邊設施也讓葉甫蓋尼驚歎，「這裏有商店、餐廳，甚至還有按摩，簡直可以住下來。」他還忍不住對火車站的衛生條件點讚。「這裏實在太整潔了，清潔人員來回地打掃，中國旅客舉止很文明，不會亂扔垃圾。」為了體驗普通百姓的出行，他買了二等座票，並以「不雅」的姿勢告訴觀眾，這火車多舒服，「我的腿伸得有多長，你們自己看吧！」這在俄羅斯觀眾中產生了熱烈反響。事實上，中國高鐵已徹底去除了傳統普速鐵路的印象，從站房到車廂，高鐵整體設施配套齊全，現代化的設備給人賞心悅目之感，加之現場服務人員的辛

勤打掃，全新的美感與舒適感，不能不讓外國朋友稱奇。

　　2018 年 12 月，中宣部對外新聞局組織 23 家媒體共 39 名中外記者集體乘坐 G111 次「復興號」動車組，體驗了解中國高鐵發展成就。聽着四位鐵路專家的講解，中外記者不停地點頭，為中國高鐵點讚，為工匠精神點讚。不少記者掏出手機，認真記錄車廂顯示屏上不斷攀升的速度數值。彭博新聞社記者梅亦傑是第一次乘坐中國高鐵，當被問及乘坐感受時，他豎起大拇指稱讚：「非常平穩、印象深刻！」意大利《共和國》報記者菲利普・桑特利興奮地說：「我坐過包括京滬高鐵在內的很多趟中國高鐵，準點率很高，網絡覆蓋很廣泛，乘車體驗非常好！」外國記者的這些讚美是發自內心的。筆者認識一位國外的藝術家，她以前在中國總選擇乘坐飛機從一個城市到另一個城市，而現在她更喜歡乘坐高鐵在中國出行。中國高鐵讓她能更好地感受中國高鐵沿線的藝術之美，還不耽誤行程。

　　中國高鐵發展到今天，以其路網的密集、乘坐的舒適、票價的親民和出行的安全，深受外國人的喜愛。筆者在與西班牙前首相何塞・路易斯・羅德里格斯・薩帕特羅交流的過程中，感受到他對中國高鐵的由衷讚美。西班牙作為世界上高鐵運營里程第二長的國家，對中國能在這樣短期內，建設普惠民

眾的高速鐵路網，由衷地讚歎。像西班牙這樣高鐵發達的國
家，他們來中國乘坐高鐵後都感慨萬千，這說明中國高鐵在世
界上的確具有相對超前的氣勢。

　　在外國友人眼中，中國高鐵代表了中國科技發展的實
力、經濟發展的成果。中國高鐵成為中國的國家名片，對
外，不僅代表着中國現代高新技術的發展實力，也代表着中國
政府為人民謀福祉的具體行動。中國高鐵是外國人眼中的新鮮
事物，這個新鮮事物寫滿了中國故事，鐫刻着中國鐵路人的奮
鬥，洋溢着中國遊客的幸福。

洋溢幸福笑容的外國遊客　　　　　　　　／由中國國家鐵路集團有限公司提供

　　很多國家期待引入中國高鐵，期待中國高鐵成為他們交通體系的一部分，中國高鐵也在走向世界的路上，逐漸為世界人民造福。目前中國高鐵正逐漸由零到整地走向世界各國，外國高鐵建設或者引入中國高鐵工程技術，或者引進中國高鐵的動車組技術。南亞、東南亞和歐洲的一些國家已經與中國簽訂戰略合作協議，中國高鐵正成為許多國家的選擇！

第六章

高鐵拉動鄉村振興

　　鄉村是具有自然、社會、經濟特徵的地域綜合體，兼具生產、生活、生態、文化等多重功能，與城鎮互促互進、共生共存，共同構成人類活動的主要空間。

　　中共十九大報告明確提出實施鄉村振興戰略，要堅持農業農村優先發展，按照產業興旺、生態宜居、鄉風文明、治理有效、生活富裕的總要求，建立健全城鄉融合發展體制機制和政策體系，加快推進農業農村現代化。構建現代農業產業體系、生產體系、經營體系，完善農業支持保護制度，發展多種形式適度規模經營，培育新型農業經營主體，健全農業社會化服務體系，實現小農戶和現代農業發展有機銜接。促進農村第一、第二、第三產業融合發展，支持和鼓勵農民就業創業，拓寬增收渠道。加強農村基層基礎工作，健全自治、法治、德治相結合的鄉村治理體系。

　　實施鄉村振興戰略，是解決新時代我國社會主要矛盾、實現「兩個一百年」奮鬥目標和中華民族偉大復興中國夢的必然要求，具有重大現實意義和深遠歷史意義。實施鄉村振興戰略是建設現代化經濟體系的重要基礎；實施鄉村振興戰略是建設美麗中國的關鍵舉措；實施鄉村振興戰略是傳承中華優秀傳統文化的有效途徑；實施鄉村振興戰略是健全現代社會治理格局的固本之策；實施鄉村振興戰略是實現全體人民共同富裕的

必然選擇。

　　中國高鐵不僅帶來了人才向鄉村的流動，也帶動了農產品品牌的提升。以客流為主的高鐵，一方面釋放了巨大運能，另一方面也為品牌農業、智能化農業、精準扶貧提供了平台。對縮小城鄉差距、改變鄉村文化面貌，起着巨大的作用。

　　高鐵與中國農業的發展到底有着怎樣密切的關係？既然中國高鐵只以客運為主，那強調中國高鐵與農業發展的關係，是不是有一點牽強附會的意味？中國高鐵到底對中國農業的發展有多大的貢獻？帶着這樣的問題，許多專家已經在傳統的農業產區、在高鐵沿線進行了深入調研，他們撰寫了相關調研文章，表明高鐵對農村經濟發展具有十分重要的拉動作用。

第一節　高鐵與智能化農業

　　高鐵擴大了農產品消費。高鐵的開通為城市居民到農村去提供了方便，城鄉交流進一步加快；中國高鐵也釋放了鐵路貨運運能，讓更多的農產品提供給城市。高鐵的快速度讓大範圍、長距離的農產品流通加快，發展生鮮農產品成為可能。據新華網報道，2017 年中鐵快運就推出了「高鐵極速達」，到 2019 年其服務已基本覆蓋高鐵可達的直轄市、

省會城市以及部分二三線城市。2018年「雙十一」期間，中鐵順豐（中鐵順豐國際快運有限公司，由中鐵快運和順豐速運合資組建）嘗試了「高鐵＋生鮮」的模式，為丹東草莓、贛南臍橙、運城蘋果等農特生鮮產品提供了物流服務。2019年櫻桃銷售旺季，中鐵順豐通過「高鐵極速達櫻桃專列」，將濟南、青島、煙台等主產地的櫻桃，運送到北京、上海、廣州等14個主要消費城市，讓這些城市網購的家庭更早地享受到新鮮的山東櫻桃。不僅僅是山東，中鐵順豐還不斷拓展與各地鐵路局的合作，為無錫水蜜桃、浙江楊梅、雲南松茸等多地農產品提供由高鐵運輸銜接快速取派網絡的「高鐵極速達」服務。「高鐵極速達」大大縮短了農產品從產區到銷區、從生產者到消費者的物流時間，提升了農產品物流服務品質，擴大了消費羣體，幫助更多具有地域特色的農產品走向市場。

高鐵助力品牌農業產業化發展。中國高鐵提升了農業的品牌意識和推動了農業的智能化改造，高鐵的高效率主要為農產品提供了暢快的通道，但農民要想獲得更好的收益，必須滿足消費者的品質要求和信息所需。這就要求提升農產品質量，讓智能化農產品通過信息渠道最快捷地傳遞到城市消費者手裏。高鐵促進了城鄉之間的交流，提升了高鐵沿線農民對農產品生產、加工、包裝的品牌意識。品牌農業在高鐵的催生下

會獲得越來越好的發展。連接浙江省杭州市與安徽省黃山市的杭黃高鐵沿線設立的建德高鐵站拉近了建德市與杭州市的距離，兩地間高鐵最快運行時間僅 40 分鐘。以高鐵發展為背景，建德市不斷深化農業供給側改革，調整農業產業結構、優化農產品質量，發展綠色高效美麗休閒農業，新發展了一批特色農業基地，新創建了一批高端農產品，完善和新增了一批休閒農業體驗區。從茶葉、蔬菜、水果到中藥材，農產品的種類不斷增加，農產品生產技術得到提升，開始引入綠色、有機、無公害農產品及基地認證。創新農業和旅遊結合起來，在草莓園等農業園區的基礎上，將現代農業、農產品加工與農業生產體驗、採摘、休閒等有機融合，建立了「建德果蔬樂園」，先後舉辦草莓節、年俗旅遊文化節、荷花節、稻香節等活動。據建德市統計局資料，截至 2018 年年底，建德市糧食生產功能區達到 196 個，總面積八萬畝；新創建美麗鄉村精品村 11 個，新完成美麗鄉村精品示範線兩條；各類農民專業合作社 861 家；農業龍頭企業 99 家，其中杭州市級以上 63 家；培訓農民 1.75 萬人，農民轉移就業人數 1 312 人；建成農家樂休閒旅遊村 26 個，鄉村旅遊接待遊客 881.63 萬人次，實現鄉村旅遊直接收入 9.01 億元，遊客人數與直接收入同比增長 79.3% 和 64.7%。可以說，高鐵為中國智能化農業的發展帶來巨大的推動。

　　與此同時，農民憑藉優質產品從市場中獲得的收益又反哺農業生產，從而形成良性循環。快速運輸的農產品以及不斷提升的產品品質，使得更多農業專家在高鐵沿線農村佈局設點，投入更多的研究精力，為農產品更有效地為消費者服務提供了可能性。一方面農業專家的參與提升了農產品的品質和增大了創新的可能性，另一方面也會吸引更多的企業和個人投資農產品的生產加工，從而為農產品的種植規模、加工技術帶來更大的改變，為品牌農業、智能農業的創建提供了更可靠的路徑。

　　「三農」問題專家、曾任農業部副部長的尹成傑總結提出，高鐵對區域經濟的基礎農業將會帶來八大效應。一是擴大了農業資源集約效應。促進農業資源深度開發，提高農業資源的含金量。二是增進了農業優勢互補效應。通過沿途站點的快速連接，資源互補效率提高，更好地發揮農業資源優勢。三是匯聚了農業要素統籌效應。快速連接使資金、技術、信息、流通等農業各要素的統籌性和整合度大為增強，使現代農業要素的投入效率提高、效果提升。四是提升了農業資源增值效應。高鐵使沿途站點的城鄉土地、水源、景區等資源的價值和價格提高。五是改善了農業消費擴展效應。高鐵使得農產品可以大範圍、長距離地快速流通，發展鮮活農業成為可能，大大

縮短了農產品從田頭到餐桌、從產區到銷區、從生產者到消費者的物流和時間，擴大了消費羣體，提高了消費效率。六是形成了農業產業的集聚效應。高鐵促進和帶動了農產品流通業、加工業、服務業的發展和集聚，實現從農產品到農業產業，從農業產業到農業農村經濟的變革，為農村第一、第二、第三產業的融合提供交通支撐。七是鞏固了農業新興功能拓展效應。高鐵為沿途農村帶來食品、旅遊、文化、生態、休閒、養生消費需求，進而促進沿途園藝產業、旅遊產業、養生健康產業的發展，把田園變公園、把住房變客房、把風景變景觀。八是帶來農耕文化的傳播效應。加快沿途科技進步與轉化，有利於農業技術與文化的異地交流傳播。[1]

　　智能化為農業生產提供了利器，高鐵一方面實現了交通的便利，另一方面則成為農業智能化的延伸。這使得傳統農業在向現代農業轉變的過程中，獲得持續性效率支撐。高鐵與農業智能化的對接提升了農產品的品質，改變了農民意識，也為未來中國農業的智能化發展的深化提供了借鑒。更重要的是，高鐵直接或間接帶來了各類生產要素的重新分配，使城市

1　尹成傑．打造高鐵沿線現代農業產業帶［J］．人民交通，2018（1）：16-19.

資源向農村傾斜，這本身對鄉村振興就是最好的貢獻。未來中國鄉村振興戰略的實施，會越來越依賴中國高鐵的發展；鄉村振興戰略的推進，也會呼喚高速鐵路網的進一步完善，特別是鐵路貨運的飛速發展。

第二節　高鐵與精準扶貧

精準扶貧是指針對不同貧困區域環境、不同貧困農戶狀況，運用科學有效程序對扶貧對象實施精確識別、精確幫扶、精確管理的治貧方式。脫貧攻堅，精準是要義。只有開對了「藥方子」，才能拔掉「窮根子」。

隨着一條條高鐵的開通運營，曾經閉塞的小城也通過高鐵和全國連通，尤其是寶蘭、西成、渝貴等高鐵的開通，有力地促進了鄉村振興戰略和區域協調發展戰略的實施，為精準扶貧打下堅實基礎。

高鐵活躍了旅遊經濟。隨着貴廣高鐵的通車運行，線路上的貴州省黎平縣肇興鎮搶抓高鐵時代機遇，深挖生態環境和民族文化優勢，啟動了肇興大景區旅遊資源共享改革，書寫了一幅「鄉村旅遊助脫貧」的壯麗篇章。肇興鎮基於侗家文化，盤活資源資產、復活古韻鄉愁、用活民間技藝、帶活多元業

態，走出一條共同保護侗寨風貌、共同傳承侗族風情、共同開發侗鄉風物、共同展現侗都風采的古村落保護促脫貧新路子。2017 年，肇興侗寨接待遊客 124 萬人次，實現旅遊綜合收入 10.82 億元，直接帶動 464 人實現脫貧。中國發展到今天，西部高速鐵路網的鋪設，對旅遊的拉動效應日漸明顯。這對西部扶貧有了具體的幫助，旅遊帶動當地老百姓收入增長，改善了當地貧困戶的生活現狀。

　　高鐵促進區域協調發展。粵滬桂黔滇五省區市高鐵橫跨東西，連接珠江三角洲、長江三角洲、珠江—西江經濟帶、左右江革命老區、滇桂黔石漠化片區和一些少數民族地區。東部地區有雄厚的財力、發達的工業、先進的技術、優秀的人才，而西部地區有豐富的礦產資源、旅遊資源、生態資源和低成本的土地、勞動力，東西部地區互補性強，合作潛力大。以高鐵為紐帶，以廣東、上海為龍頭，加快建設粵滬桂黔滇高鐵經濟帶，有利於深化泛珠三角和長三角區域合作，推進區域內資金、信息、人才流動，實現五省區市互利共贏；有利於加快東部產業向西部轉移、推進東部發達地區和西部貧困地區產能合作，對於構建東西部地區合作新模式、促進區域經濟協調發展、實現精準扶貧精準脫貧具有十分重要的意義。高鐵成網運行也成為鐵路部門貫徹落實國家「精準扶貧」戰略的有力

抓手。中國鐵路總公司與地方政府合作，在廣西、雲南等省
（區）沒有高鐵經過的縣區開設高鐵無軌站點，提供購票、取
票、候車、公鐵接駁、高鐵快運和旅遊諮詢等服務，通過開行
點對點專線大巴，與就近高鐵火車站無縫相連，將客流引入高
速鐵路網，帶動了區域經濟社會發展，有效推動了部分貧困地
區與發達地區的經貿往來，加快了貧困地區脫貧致富的步伐。

　　高鐵讓貧困地區的資源有了更大的市場。西成高鐵的開
通改善了沿線縣城、鄉村的交通。對於陝西省來說，此前受制
於交通和信息的不暢，佛坪的山茱萸、城固的柑橘、西鄉的大

一列動車組列車穿行在八桂山水間　　　／由中國國家鐵路集團有限公司提供

米、洋縣的黑米、略陽的烏雞、鎮巴的臘肉、寧強的茶葉等農產品雖然質量優異，但市場範圍的狹窄使其價格遠遠低於在主要城市中的市場價格。而高鐵帶來了客流和投資，不僅使該地區的資源有更大的市場，還帶動了有機蔬菜產業、農產品採摘等新模式的發展。據新華社報道，2017 年廣西壯族自治區凌雲縣通過高鐵站將當地的農產品發往全國，數量超一萬件，帶動貧困人口三萬多人，讓凌雲茶的名聲在全國越來越響，更有中鐵快運、宅急送、韻達速遞等七家物流公司入駐凌雲縣高鐵無軌站。在閉塞的山區，品質很好的農產品因為運不出去就賣不上好價錢；當地的許多資源，因為缺少投資得不到有效開發而白白浪費掉。在西南邊陲某地，大山裏流出來的水清澈、甘甜，採樣化驗後能達到優質礦泉水標準，但遺憾的是，因交通不便，當地農民還只能守着金山銀山受窮。高鐵與鄉村公路的有效結合，讓西部地區的優質產品走向更大的銷售市場。打破交通瓶頸，讓城市與鄉村的資源實現對接，讓鄉村的資源獲得有效開發和利用，是幫助貧困戶脫貧的一個方法。

　　高鐵改變了當地人的就業觀念。高鐵帶來的便利，打消了農村青年在外務工無法照顧家庭的顧慮。2017 年陝西省漢中市轉移農村富餘勞動力超 79.74 萬人，創造勞務經濟收入超 170 億元，同比增長了三倍。觀念的改變是農村貧困戶脫貧的

關鍵，也能確保脫貧不返貧。有專家提出高鐵造成了「虹吸效應」，讓農村一部分農民快速流動到城市，造成許多「空心村」，擔憂未來中國農村會持續凋敝。事實上，作為「三農」問題核心的農民其自身改變是關鍵。中國農民走向發達城市，固然有一部分農民可能選擇在城市居住下來，但有更多的農民最終還會返回家鄉。他們在城市獲得了財富收入，獲得了相應技術，獲得了致富的方法和途經，打開了視野，回到農村自然會破解相應的「三農」難題，這也是鄉村發展的需要。在高鐵抵達的地區，更多的城鄉青年開始選擇回鄉創業，回鄉青年為精準扶貧貢獻了自己的聰明才智。在湖北省黃石市陽新縣，武九高鐵的開通吸引了陽新浙聯鞋業總經理丁詩希等 585 名農民工返鄉創業，在陽新農村新建了不少「扶貧車間」，帶動 2.5 萬人就近就業，2018 年國家級貧困縣陽新縣順利「摘帽」。此外，陽新縣依託自身富餘勞動力、交通物流便利、投資環境不斷優化的優勢條件，正致力於打造「中部鞋都」。

　　高鐵為轉移人才、資金、項目等資源提供了通道。隨着高鐵在西部地區的建設，到西部地區城市的各類專家也日漸增多，這對改變西部貧困地區整體技術落後的面貌、形成比較先進的管理系統具有非常重要的意義。精準扶貧階段已經

突破了扶貧初期的資金、蓋房等淺層次的扶貧路徑選擇，而轉向針對不同的扶貧戶，以更加精準的方式進行一對一的扶貧幫助。在高鐵能抵達的地方，大城市更多的志願者可以騰出更多的時間和精力，為當地貧困戶提供服務。高鐵為精準扶貧提供了便捷的志願者服務通道，大大改善了扶貧環境。在高鐵或者高速公路抵達的地方，有更多的志願者和企業投入相應的人才資源和項目資金，使得貧困戶能獲得更多的支持。高鐵為貧困地區提供了有力的交通工具，使得「老少邊窮」地區與城市專家和企業的距離相對變近，能吸引更多的人才和項目投資。

高鐵助力教育觀念轉變。2018 年 10 月，中國鐵路成都局集團有限公司經過多次調研，精選 60 名成鐵青年志願者與四川省松潘縣的孩子結成「一對一」幫扶對子，通過共同在成都鐵路職工培訓基地模擬駕駛火車、動車組列車等方式，舉辦「教育扶貧‧研學先行」松潘兒童高鐵研學等活動，以加深孩子們對祖國發展建設的感受和認識。幫助小朋友們了解鐵路、了解高鐵，可以讓孩子們在今後的學習生活中以更積極的態度去逐夢前行。

中國高鐵帶來的不僅是交通運輸的中國速度，它帶來的還是脫貧的速度、致富的速度、發展的速度。

第三節　高鐵與地區差距的縮小

為什麼要在交通欠發達地區發展高鐵？

在高鐵發展的過程中，對於在西部地區建設中國高鐵，有不同的觀點。如果單純地從鐵路的收入而言，中國高鐵的發展需要更加理性、審慎的限制。在中國鐵路發展史上，長期對欠發達地區的「欠賬」，讓中國東西部地區的交通差距越來越大。這樣帶來的後果是交通欠發達地區難以吸引更多的人流和物流。資源分配的傾向性讓中國鐵路佈局在前瞻性和現實性中難以取捨。在中國高鐵規劃中，既要考慮發達地區的現實需要，更要考慮欠發達地區的未來需要，地區的均衡性佈局不僅事關當下中國高鐵的建設，更事關未來東西部地區的互補性發展和共同提高。

交通阻隔了對西部地區的探索與發展。東部地區人口密度遠遠高於西部地區，從長遠來看，在欠發達地區修建高鐵對中國未來的發展是有利的，這不僅可以解決未來人口的疏解問題，更重要的是可以改善西部地區持續落後的現象。近幾年，中國大力實施「西部開發」戰略，西部地區生活條件得到進一步改善，內地人口向西部地區流動逐漸增多。中國高鐵在西部地區的修建，可以更好地發揮東西部地區的聯合優勢、

互補優勢，一方面吸引更多東部地區的人財物向西部地區流動，另一方面，西部地區的資源可以為東部地區提供發展動力。高鐵成為欠發達地區資源開發和人才引進的可靠樞紐。從西部地區如雲南、貴州、四川、甘肅、新疆、西藏等地發展高鐵的情況看，中國高鐵極大地激發了這些地區的生產活力，為中國經濟的持續發展貢獻了新動能。

　　區域協調發展是全面建成小康社會的內在要求。改革開放以來，我國東部地區產業升級加快，新興產業和高技術產業的佔比不斷提高，中西部地區經濟更加活躍，武漢、成都等城市不斷成長。不同區域各有優勢，高質量的協調發展能實現各區域優勢互補。2017 年年底，我國「四縱四橫」高速鐵路網提前建成，徐蘭高鐵、滬昆高鐵、滬漢蓉高鐵、京哈高鐵等線路將西部地區、東北地區與全國鐵路網相連，縮短了與東部、中部地區的距離，以城市羣和高鐵通道帶動區域協調發展。

　　高鐵擴大了區域的輻射和聯動。珠三角地區是指珠江口附近的區域，包括廣州、深圳、東莞、佛山、珠海、惠州、肇慶、中山和江門等城市，城鎮化水平較高。改革開放以來，珠三角地區不斷建設發展，成為與長三角地區和環渤海地區齊名的經濟圈。從廣深准高速試驗，到武廣、南廣、貴廣、京廣、廣深等高鐵的相繼運營，珠三角甚至泛珠三角地區的「高

中鐵一局承建的滬昆高鐵湖南段工程　　　　　　　　　／王冬生 攝影

鐵經濟」效應日益明顯（高鐵經濟泛指依託高鐵的綜合優勢，
促使資金、技術、人才等要素沿高鐵線路、站點及相關區域
佈局，產生經濟活動，實現優化發展的一種新型經濟形態）。
根據 2016 年度佛山市社科重點項目的研究成果，高鐵經濟對
珠三角區域協調發展產生了重要影響。首先是建成了覆蓋全
省、對接泛珠三角地區的交通網絡，形成珠三角區域內城市間
一小時左右、相鄰大中城市間四小時生活圈。其次，對區域經
濟發展的影響體現在四個方面：一是高鐵的建設直接增加了投
資、擴大消費需求，促進鋼鐵、精密製造、通信等相關產業的
發展；二是高鐵加快要素的流動，促進產業佈局沿高鐵線路
優化，典型的如武廣高鐵開通後湖南地區承接了珠三角地區

3 000 多個產業轉移項目，2015 年珠三角地區佔武漢引進內資的 1/3；三是強化了珠三角地區城市間的同城化效應；四是發揮珠三角地區的輻射和帶動作用，與粵湘黔桂等區域聯結，形成泛珠三角經濟圈。在京津冀區域，武清站是京津城際鐵路 2008 年通車時的唯一經停站，十年間，武清站日均發送旅客從 300 多人次增加至一萬餘人次，人流的增加為天津市武清區拉動了產業轉移和聚集，武清區從北京引進的項目超 8 240個，已經形成兩個千億級的產業羣。[1]

　　高鐵帶動區域業態的升級。據新華社報道，東北地區擁有豐富的冰雪旅遊資源，2018 年開通的哈牡高鐵為東北地區冬季旅遊帶來了生機，讓許多南方的旅客體驗到了不一樣的自然風光。哈牡高鐵沿途經過中國雪鄉、亞布力滑雪場等景區，自哈牡高鐵開通後，亞布力滑雪場每日遊客都在 2 000 人左右，同比增長 20% 以上。

　　高鐵將經濟發達地區和欠發達地區連接了起來，不僅讓欠發達地區有了開放的機會，也推進了發達地區資金、信息、人才、資源等要素向欠發達地區轉移。高鐵促進發達區域

1　董同彬．高鐵經濟對珠三角區域協調發展的影響與對策 [J]．產業與科技論壇，2017，16（12）：23-26.

的輻射聯動，帶動傳統產業區轉型升級，推動區域間更好地協調發展。

　　面向未來的中國高鐵必然會為消除地區間差距做出巨大貢獻。中國高鐵在完成主要鐵路網規劃與修建以後，未來中國高鐵向何處去？這的確要依據中國整體發展戰略，充分考慮中國東西部地區經濟發展的平衡、科技的進步和環境的改善等因素。未來的中國，人口遷徙是必然選擇，而解決人口遷移持續化問題的關鍵就是高速鐵路網在西部地區的合理佈置與優化。中國高速鐵路網在西部地區的優化佈置與完善，能解決中國未來發展的大格局問題，能兼顧中國的邊防安全，為更好地開發西部地區資源提供堅強而可靠的保證。

武廣高鐵　　　　　　　　　　　　　　　　　／由中鐵四局提供

第四節　高鐵與鄉村文化的融合

　　鄉村曾是中國數千年傳統文化的重要載體，鄉村文化是傳統文化的生命家園，有着深厚的文化底蘊，也是維持鄉村秩序、加強鄉村治理的重要基礎。中共十九大報告指明了鄉村振興的總要求：產業興旺、生態宜居、鄉風文明、治理有效、生活富裕。鄉村振興要求傳承發展提升農耕文明，走鄉村文化興盛之路。鄉村文化建設為鄉村振興提供精神動力、智力支持和道德滋養。

　　鄉村文化是在農業生產與生活實踐中逐步形成並發展起來的道德情感、社會心理、風俗習慣、是非標準、行為方式、理想追求等，表現為民俗民風、物質生活與行動章法等，潛移默化地影響着農民的日常行為。

　　嚴格意義上講，高鐵文化是快文化，鄉村文化是慢文化。中國高鐵文化是現代生活與科技文明的結合體，如何讓中國高鐵在承載現代高科技文明的同時，為鄉村文化注入新的活力？中國鄉村面對全新的信息化挑戰，已經和傳統意義上的鄉村產生了截然不同的變化。雖然鄉村仍然存在着歷史沿襲的特點，但那些現代時尚的元素正逐漸融入當下的鄉村生活之中。信息技術的應用，促進了品牌農業文化的滋生；鄉村知識

青年的增多，為閒時外出旅遊提供了可能；農家小院為適應城市旅遊者，體現出具有城市文化特色的藝術設計。高鐵為鄉村帶來了更多的發展機會，帶來了競爭選擇和新鮮活力。

高鐵為鄉村文化的延展提供了平台。帶地方特產回家是很多城市人的選擇，串親訪友帶家鄉特產也成為一種習慣。在每個城市的高鐵站，不僅有新鮮的當地美食可以品嚐，還設有售賣當地特產的便利店，以方便遊客購買。除了在高鐵車站，旅客還可以直接在鐵路 12306 手機 App 上直接下單購買特產，不用出站，工作人員就直接送到座位上。在漢口站、武漢站，可點熱乾面、周黑鴨、小胡鴨、孝感麻糖、黃石港餅、洪湖藕帶、荷塘三寶等湖北地方特產；在南京南站，可點蘇州豆腐乾、無錫排骨、南京鹽水鴨、揚州鹽水鵝；在濟南西站，可點德州扒雞、周村燒餅。高鐵上的特產也展現着鄉村文化的風味。

高鐵加快了外界文化與鄉村文化的融合。《中國高鐵》紀錄片中就提到了這樣一個文化融合的故事：在大山深處的貴州省凱里市有着豐富的民俗文化，這裏的苗繡、銀飾品等傳統手工藝品非常精緻，是民族文化的積澱。但由於交通的阻隔，當地的人們與外界的溝通交流需要通過火車、大巴甚至拖拉機等多種交通方式換乘，極大限制了當地與外界交流當地工藝品的

頻率和數量。2015 年，高鐵凱里南站通車運營，凱里到廣州的時間縮短為四小時左右，凱里當地的手工藝人能更便捷地接觸到外界社會，將產品推廣到廣州等城市，有了更大的市場。隨着滬昆高鐵、貴廣高鐵的開通，當地人更是籌資創建了民族服飾博物館，向外界宣傳了從服飾到生活習俗的民族文化，大山裏的民族博物館贏得了遊客的一片讚美。

　　高鐵成為連接城市和鄉村的紐帶。高鐵為城市遊客提供了愉悅的旅程，讓他們感受到鄉村休閒文化帶來的精神休憩。遠離鄉土的城市人也能悠閒地接觸鄉村的田野，品嚐原生態天然食品，從鄉村的歷史痕跡中找尋自己童年和祖輩的記憶，更有機會尋訪隱藏在民間的手工藝傳承者。高鐵讓城市生活者暫時忘卻工作的繁忙，逃逸到碧水青山之中，與大自然對話，與山村歷史對話，與風土民情對話。這是鄉村對城市人的洗禮。傳統農耕時代的春種秋收、夏長冬藏的生活，讓世世代代的農民習慣了這樣的生活。當高鐵通過偏僻的村莊，帶來城市裏不一樣的生活方式和思想觀念，城市居民體驗感受鄉村文化的同時，也漸漸影響了鄉村對現代生活的思考。生活在鄉村的人變得忙碌起來，他們通過高鐵向城市裏的人們推銷展示特色產品，也開始學會應用電商等現代科技。城市和鄉村在這種互相交流、傳遞、切磋、學習的過程中，融生了另一種意義上

的文化，這種文化非城非鄉、非古非今、非理性非感性、古今
有味。中國高鐵承載的無形力量，改變着城鄉生活者的現有思
想和生活習慣。

　　高鐵為鄉村文化帶來更多的現代文明。高鐵文化是時尚
文化，也是科技文化。高鐵成為現代信息傳遞的媒介，給鄉村
帶來城市居民的生活方式，展示着現代高科技技術，傳遞出現
代文明的氣息，逐漸影響着生活在鄉村的人。近幾年，在鄉村
振興過程中也可發現中國高鐵自身的技術。「廁所革命」的成
果可以略見一斑。河北省衡水市岳良村進行的「廁所革命」，
使用了高鐵上的真空廁所技術，只要輕輕一摁按鈕，廁所污穢
之物就瞬間被抽走。高鐵真空廁所技術，帶來了鄉村的廁所文
明，提升了現代鄉村生活的衛生質量。

　　高鐵文化讓城鄉融為一體。高鐵文化與鄉村文化的結
合，讓城鄉在發展中產生互融共生的效果。城市居民有了更舒
適的田園去處，農民有了更好的發展參照，在城鄉共同發展的
脈絡中，城鄉兩地的人民或許體會不到高鐵默默的貢獻，但歷
史卻悄悄記錄下這正在發生的一切。

第五節　高鐵與鄉村城鎮化建設

城鎮化包括人口從鄉村向城市流動和產業財富在城市（鎮）集中，這是一個要素流動的過程。「城市向心增長」與「城市離心增長」是城市與區域在一定條件下不斷向前推進的發展過程。這種集聚與輻射的動態發展，在一定的區域經濟條件下將逐步形成一定區域內帶有層次性的城鎮羣體。由於高鐵具有高速度、大運量、舒適便捷等特點，同樣的出行時間，增加了出行距離，為鄉村城鎮化建設提供了無限空間。城鎮內部與外部的空間聯繫發生變化，人口與產業的轉移推動大城市空間結構的外向拓展與延伸，增強端點城市與沿線及周邊城市間的空間聯繫和相互作用，並通過高鐵提高城市的可達性、催化中心城市的集聚與擴散效應等，形成大中小城市、小城鎮和新型農村社區協調發展的城市羣以及網絡型城鎮空間結構。這有利於沿線設站的中小城市（鎮）集聚人流、物流、資金流、技術流和信息流，吸納周邊城鎮與鄉村人口以滿足自身城鎮化發展的需求，形成「走廊型」「串珠狀」區域城鎮體系。

高鐵加快人口城鎮化。人口城鎮化通常指人口向城鎮集中或鄉村地區轉變為城鎮地區，使城鎮人口比例不斷上升的過程。高鐵建設對人口城鎮化起到推動作用，主要體現在：高

鐵建成→區域聯繫密切，整體經濟提升→大城市第三產業發展，小城鎮鄉鎮企業集聚，高鐵出入口地區吸引經濟實體→吸引農村勞動力→加快人口城鎮化。以京滬高鐵為例，高鐵加快人口城鎮化主要體現在四個方面：一是高鐵加快了區域人口城鎮化；二是高鐵加快了中心大城市人口城鎮化；三是高鐵加快了小城鎮人口城鎮化；四是高鐵加快了高鐵出入口地區人口城鎮化。高鐵促進了沿線地區人口流動、聚集，對沿線產業帶和城市現代服務業培育有帶動作用，充分發揮高鐵經濟帶的影響力，能有效加速沿線產業轉型升級與新型城鎮化進程。

高鐵加快地域城鎮化，加快沿線地區城鎮開發和建設。 高鐵與其他交通網絡改變了原有城市或地點的區位格局及資源配置，使得原有城市或地點的結構與發展環境發生了變化，從而導致原有城鎮進一步延伸、新的城鎮快速興起，最終形成新的城市增長點。比如，濟南圍繞高鐵站規劃「西客站樞紐新城」，以文化、會展、交易、總部經濟為主，發展現代服務業，打造「齊魯新門戶、泉城新商埠、城市新中心」，提升其「半島城市羣」的中心城市地位，促使中心城市與衛星城市合理佈局。高鐵的建成使得沿線城鎮成為高鐵經濟帶的一部分，憑藉巨大的交通運輸優勢，優化區域城鎮體系佈局。尤其是特大城市，依託高鐵把周邊小城鎮發展為

衛星城市，緩解了人口壓力和產業集中的壓力。比如，京津城際鐵路、京滬高鐵促進了沿北京、天津城市發展主軸的城市帶狀延伸發展，從北京南站向東南延伸、天津中心城區向西北和東南延伸，串聯武清區、天津中心城區、津南區、濱海新區，形成城鎮形態密集、經濟實力強大的發展軸。蘭州大學經濟學院林柯教授認為，高鐵對人口流動具有顯著的誘增效應。高鐵沿線那些鮮為人知，或知名度高但交通不便的中小城市（鎮），因人流湧動和環境宜居，將成為吸納人口的熱點城市。而人流增加一定會助推沿線城市的新型城鎮化進程。早在唐朝時，秦安出產的蜜桃就遠近聞名，然而受地理位置偏僻和交通不便的限制，該地產業發展緩慢。2017 年，寶蘭高鐵開通運營，甘肅省天水市秦安縣是寶蘭高鐵站點之一，秦安縣便考慮如何推進城市建設，展示秦安發展新貌，吸引外地客商聚焦秦安、投資秦安。近年來，秦安着力打造隴東南地區最佳生態宜居城市、中國西部小商品城和全國歷史文化名城。經過幾年的努力，秦安已經是「山美水美人美」。寶蘭高鐵開通後，來秦安的人流量大大增加，這不僅有利於秦安進一步完善城市基礎設施，也有利於促進全縣經濟社會發展。同時，秦安蜜桃這一招牌也將越來越響亮。

高鐵沿線的特色小鎮建設為推進鄉村城鎮化建設提供了

更多可能性。滬昆高鐵的開通，使得集聚互聯網產業的「婁底南‧聯創小鎮」快速崛起。「小鎮」順應「互聯網＋」發展趨勢，盤活婁底高鐵南站 21 萬平方米的商業綜合體，形成集技術研發、產品推廣銷售、文旅推廣、大數據存儲和展示、電子商務和直播等於一體的互聯網產業集聚區，成功吸引了浙江頤高、陌陌科技等互聯網企業入駐，帶動了 240 多家企業和個體工商戶入駐。2018 年「小鎮」實現營業收入近 12 億元，稅收 7 000 多萬元，成功躋身「省級互聯網產業園」。在滬昆高鐵新化南站旁的洋溪鎮有「中國文印之都」的美譽，但該鎮的產業結構是單一的打字複印模式，「文印小鎮」藉助高鐵便捷的交通優勢，依託新化洋溪鎮風生水起的文印產業，打造出了具有全國影響力的文印產業基地。小鎮的產業從單一發展模式向全產業鏈轉型，成為集設備再造、耗材生產、技術開發、終端網點覆蓋等全鏈條式發展的規模產業。據騰訊網報道，2019 年新化文印在全國擁有大小門店六萬餘個，從業人員 20 餘萬人，年產值 880 多億元，佔據國內文印市場 70% 以上的份額。小鎮更吸引了一大批企業家返鄉投資創業，引回文印企業 110 家，2018 年產值達到 3.5 億元，納稅 1 000 餘萬元，解決就業人數 500 餘人。文印也成為一種有效的脫貧致富產業，全縣從事文印產業的建檔立卡貧困人口達 1 481 人，有效帶動

數千個貧困家庭穩步脫貧。

　　高鐵加快產業城鎮化。高鐵的開通，與沿線城市公交網、高速公路網等綜合交通有機地組成了一個完善的軌道交通系統，給出行、到達和換乘提供更加便利的條件。這為沿線城市帶來良好的可通達性和大量客流，促進了沿線城市第三產業的發展，加快了由產業發展所引發的城鎮化進程。以棗莊市為例，京滬高鐵建成，棗莊原本相對偏遠的地理劣勢反成均衡接受輻射的區位優勢，客商投資帶來技術、資金、信息等資源，為棗莊產業結構提升、經濟發展提供契機；棗莊藉助文化歷史、自然景觀發展旅遊業，帶動了商貿、餐飲、住宿等第三產業發展。[1]

　　高鐵促進了城鎮化的提速，高鐵也促進了沿線城市對當地資源的利用，高鐵也為鄉村城鎮化發展帶來廣闊前景。

第六節　鄉村受益於高鐵發展的案例

　　在中國，鄉村發展受益於中國高鐵的案例很多，這種發展一般先是從高鐵站點開始，然後沿着高鐵線路延伸，最後形

1　楊琴，吳衞平·高鐵促進城鎮化發展研究 [J]·鐵道經濟研究，2018（1）：39-42.

成比較大的發展面。高鐵發展最終帶動了鄉村振興，實現了鄉村生活的現代化，帶動了城鎮化發展。

高鐵帶動鄉村轉變的點式轉變。據新浪網和騰訊網報道，荊溪村位於浙江省溫州市平陽縣鰲江鎮西塘社區，由荊山、荊仙、牧場三個自然村組成，全村戶籍人口 4 500 餘人，常住人口達 10 000 餘人。荊溪村原本是農村，只有一家國營老廠平陽化工廠坐落在村裏。2009 年 9 月 28 日，一列「和諧號」動車組經停荊溪村，該村從此開啟了「高鐵村」的快速發展。2016 年荊溪村制定了三項發展決策：一是投資建設綜合辦公樓；二是建設返回地安置房；三是在仙巖水庫與草池水庫之間籌建現代農業觀光園。荊溪村綜合辦公樓建成後租給了平陽潤德醫院，增加了村集體收入。平陽仙池莊園的開發，既帶動了 800 畝楊梅、水蜜桃、柑橘、枇杷等水果的良性發展，也帶動了荊溪山的旅遊。仙池莊園已成為浙江省省級無公害農業生產基地和浙江省旅遊採摘示範基地。2016 — 2018 年，仙池莊園連續三年成功舉辦平陽鄉村旅遊文化節暨仙池楊梅採摘節。2017 年全村經營性收入達 568 655 元，總收入達 1 001 494 元，該村成為全鎮村集體經濟發展的典型。以高鐵為機遇，鄉村開始改變面貌。橫跨浙皖兩省的杭黃高鐵，將杭州、千島湖與黃山聯結在一起，締造了一條串聯「名城、名湖、名山」的

世界級黃金旅遊通道。作為杭黃高鐵千島湖站的駐地，文昌鎮成為淳安高鐵時代的領跑者。以「高鐵小鎮、漫遊文昌」為定位，文昌鎮開始了環境綜合整治，協調高鐵風景與小鎮環境，使得良好的城鎮建設、生態環境、配套服務以及豐富的文化底蘊等成為千島湖給人的第一印象。文昌鎮重點發揮山水資源優勢，結合鄉村振興的戰略契機，挖掘農村優勢資源，成為全鎮發展的一個平台。

京滬高鐵堪稱「線式」和「圈式」發展的經典案例，除此之外，西部高鐵的發展也為一些地區的鄉村振興帶來了生機。我們來看看粵桂黔高鐵經濟帶是如何振興鄉村經濟的。粵桂黔高鐵經濟帶的滲透力，在佛山市南海區可見一斑。高鐵沿線 12 個城市在南海區建立了商務聯絡處，南海區工商聯也與沿線 30 個市縣工商聯締結了友好工商聯協議，不斷擴大在粵桂黔地區的「朋友圈」。尤其是以跨區域合作聯盟為紐帶，粵桂黔三地在多領域實現了合作共贏。以高鐵為依託，「省市政府推動、龍頭企業帶動、沿線區縣聯動」的新型跨區域合作模式逐步建立起來。對廣州、深圳、佛山等地來說，其資本、技術、品牌與項目所在地的自然資源、區域優勢、成本優勢、市場空間優勢相互結合，可以形成推動當地發展的有效動力。在 2017 年泛珠三角區域合作行政首長聯席

會議上，泛珠各方倡議建設泛珠區域高鐵經濟帶，以高鐵經濟帶為重要抓手，全面推進泛珠地區城市間的深化合作，將高鐵經濟帶規模擴大到整個泛珠區域。[1]粵桂黔高鐵經濟帶之所以形成，與高鐵自身帶來的市場運行規則和當地政府的推動有着很大關聯。藉助高鐵發展高鐵經濟，既是沿線城市發展的方向，也是沿線農村值得深入思考的課題。粵桂黔高鐵沿線自發地組織的圍繞高鐵經濟帶而進行的產業謀劃與協調發展，為其他高鐵沿線發展提供了參照模式。

武廣高鐵的開通為沿線各旅遊城市送來了「東風」。湖北省各縣市鄉村旅遊形式多樣，在高鐵的推動下吸引了大量遊客，鄉村旅遊成為湖北旅遊經濟增長的一個新亮點。「早飲廣州茶，午食長江魚」「放眼看去都是廣東遊客」成為湖北省旅遊市場一景。到鄉村去，呼吸清新空氣，享受綠色食品，體驗「農家」恬靜生活，已經成為旅遊者喜愛的度假方式。橫跨洪湖、仙桃和監利三市縣，緊鄰城區，鄉村遊迅猛發展。宜昌、咸寧、神農架等地的鄉村休閒遊也是紅紅火火。鄉村旅遊

1　伍素文 · 粵桂黔高鐵經濟帶的新課題　高鐵如何助推鄉村振興 [J] · 中國經濟周刊，2018（29）：73-74.

帶動了鄉村經濟的新發展，帶來了農民生活的新變化。[1] 武廣高鐵作為繼京津城際鐵路開通之後的第二條高鐵，對沿線鄉村旅遊形成了極大的拉動效應。中國高鐵對鄉村旅遊的拉動既有對傳統旅遊項目的拉動，更有對鄉村旅遊的拓展。京滬高鐵將原有旅遊景點延伸到周邊農村；特別是西部地區開行的蘭新高鐵等對鄉村旅遊的拉動效果更大；雲南省幾條高鐵的開通直接帶動了當地對原生態旅遊資源的開發。

可見，中國高鐵對鄉村旅遊經濟的拉動效果十分明顯，為鄉村振興帶來勃勃生機。

1　劉麗莉 · 高鐵時代下的湖北省鄉村旅遊遊客管理 [J] · 武漢職業技術學院學報，2010，9（3）：100-103.

第七章

未來的中國高鐵

　　中國高鐵的發展既有中國人奮發圖強的努力，也包含世界技術進步的成果。中國高鐵為世界高鐵發展提供了新的模式，也為世界高鐵奠定了發展基礎。

　　當下的中國高鐵引人矚目。中國高鐵近年來運營里程的飛速增長，預示着今後會有更多的人享受高鐵福利。未來中國高鐵的運營里程達到省與省之間暢行的需求之後，中國高鐵在國內的發展將趨向於城市周邊城際鐵路的佈局和服務質量的提升。這一方面意味着中國高鐵的發展完成華麗轉身之後建設佈局方式的轉變，另一方面也預示着中國高鐵需要重新尋覓一條新的發展路徑。未來的中國高鐵將步入沉穩、完善、轉型的發展之路；而隨着中國高鐵技術的日臻成熟和影響力的進一步擴大，中國高鐵也會逐漸被世界人民接納，從而形成中國高鐵技術為世界人民服務的格局。

　　未來的中國高鐵，不僅僅有高新技術，也是文化與技術的結合，經濟與技術的結合，城市發展與技術的結合，現代信息技術與製造技術的結合。在國內，高鐵給人們帶來出行的享受，帶來時空的變換，帶來更多的城市經濟發展和新城區的崛起；在國外，中國高鐵技術帶着東方使者的文化氣息，帶有吸收世界先進技術後回饋世界的意味。中國高鐵正帶着其靚麗而沉穩、恢宏而細緻的文化品位和技術特點走向世界，帶領全世

界人們擁抱美好的未來。

第一節 中國高鐵的智能化發展

中國高鐵的智能化水平是隨着中國綜合科技實力的提升而提升的。從與高鐵相關的各項技術看，工程技術的昇華為中國高鐵的智能化水平提升提供了硬件基礎。長隧道和大跨度特大橋等高科技含量的高鐵建設技術，為中國高鐵智能化發展提供了可靠的技術保障；設計完善的高鐵車站則為高鐵運營提供了智能化支持。

中國高鐵的智能化體現在中國高鐵的標準化建設上。中國高鐵標準化建設，不是創新的固化，而是創造了讓中國高鐵更好地發展的技術平台。這構成了中國高鐵在國內運營的標準化體系，也滿足了向世界輸出中國標準的要求。中國高鐵在創造適應中國標準的過程中，吸收了國外先進高鐵技術的優點，使得中國標準具有世界性特點。在未來走向世界的過程中，中國高鐵將不斷更新和完善新的標準，為中國高鐵技術的國際化道路繼續奮鬥。

未來中國高鐵智能化程度會進一步提高。伴隨着硬件設施的完善，中國高鐵運營管理的智能化會得到更進一步的提

高，同時中國高鐵的安全係數會更高。中國 5G 技術的實際應用，也將給高鐵智能化注入新的活力。未來中國高鐵的智能化，既體現在內部運營的高度自洽上，也體現在服務水平的不斷提升上。在高鐵運行控制系統中，人機界面會更加智能，高鐵自動駕駛技術也將在更多線路上實施，這些都將為中國高鐵的安全運營保駕護航。

中國高鐵的智能化發展還伴隨着立體交通全面升級。信息化技術的提升為立體交通的信息化構建提供了很好的智能銜接。隨着全自動駕駛技術的應用，未來的中國公路交通和鐵路交通的銜接、航運技術與海運技術的發展，都為立體交通體系

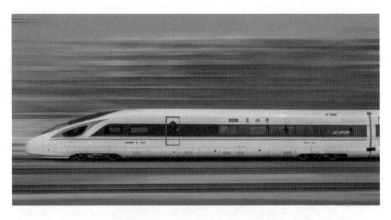

2018 年 6 月 7 日，高速動車組自動駕駛系統現場試驗在京瀋高鐵啟動
/ 由中國國家鐵路集團有限公司提供

的進一步完善提供了空間。中國旅客可以在這種智能化交通中享受超前到位的服務，而旅客對立體交通體系智能化建設的需求又能反推中國高鐵技術的進一步完善。

磁懸浮高鐵是中國鐵路未來的一種技術選擇。中國高鐵在發展之初，就陷入磁懸浮技術與輪軌技術之爭，但客觀而言，磁懸浮技術和輪軌技術各有優缺點。未來的中國高鐵可能會打破輪軌技術一家獨大的格局，而增加磁懸浮技術、真空管道技術甚至更新型的運行技術的使用。隨着時代的發展，高鐵的智能化也會發生相應的改變。

第二節　中國的高速鐵路網

2003 年 6 月 28 日，鐵道部提出中國鐵路要跨越式發展，主要包括機車車輛裝備現代化和鐵路網規劃與建設兩個方面。

2004 年 1 月，國務院審議通過了《中長期鐵路網規劃》，確定到 2020 年全國鐵路運營里程達到十萬公里，複線率和電化率均達到 50%。

2008 年 10 月，國家發展改革委批准了《中長期鐵路網規劃（2008 年調整）》，確定到 2020 年全國鐵路運營里程達到 12 萬公里以上，複線率和電化率分別達到 50% 和 60% 以上，規劃建設

「四縱四橫」客運專線網絡，建設客運專線 1.6 萬公里以上。

2016 年 7 月 13 日，為加快構建佈局合理、覆蓋廣泛、高效便捷、安全經濟的現代鐵路網絡，結合發展新形勢新要求，國務院批准發佈了新的《中長期鐵路網規劃》，規劃期為 2016—2025 年，確定到 2020 年鐵路網規模達到 15 萬公里，其中高鐵三萬公里，覆蓋 80% 以上的大城市。到 2025 年，鐵路網規模達到 17.5 萬公里左右，其中高鐵 3.8 萬公里左右。在「四縱四橫」高速鐵路網的基礎上，形成以「八縱八橫」主通道為骨架、區域連接線銜接、城際鐵路補充的高速鐵路網。

中國高速鐵路網是逐漸形成的。2008 年《中長期鐵路網規劃（2008 年調整）》實施以來，鐵路發展成效顯著，路網規模不斷擴大，跨區域快速通道基本形成，高速鐵路網逐步建成。據中國鐵路總公司統計，截至 2021 年年底，全國鐵路運營里程突破 15 萬公里，其中高鐵突破四萬公里。在中國鐵路總公司出台的 2022 年年度建設計劃中，新開工鐵路里程預計達到 3 300 公里，其中高鐵 1 400 公里。截至 2019 年一季度末，我國高鐵累計運輸旅客超過 100 億人次，累計完成旅客周轉量 3.34 萬億人公里。

2003 年建成通車的秦瀋客運專線是我國自己研究、設計、施工，目標速度為 200 公里 / 時，基礎設施預留 250 公里

/ 時高速列車條件的鐵路，全長 405 公里。2008 年 8 月 1 日，
我國第一條高標準、設計時速 350 公里的高鐵 —— 京津城際
鐵路開通，這是按照《中長期鐵路網規劃》開通運營的第一
個城際客運系統。從 2008 年開始，我國高鐵建設不斷加快。
我國高鐵運營里程 2013 年突破一萬公里，2016 年突破兩萬公
里，2021 年年底近四萬公里，佔全球高鐵運營里程的 2/3。

　　2017 年年底「四縱四橫」高速鐵路網提前建成運營，為
中國高鐵積累了基本的經驗。「四縱四橫」高速鐵路網是按《中
長期鐵路網規劃（2008 年調整）》規劃建設的，如表 7-1 所示。

表 7-1　「四縱四橫」高速鐵路網

線路佈局	線路名稱	線路佈局	線路名稱
四　縱	京滬高鐵	四　橫	滬漢蓉高鐵
	京廣高鐵		滬昆高鐵
	東南沿海高鐵		徐蘭高鐵
	京哈高鐵		青石太高鐵

　　「四縱」高鐵的具體建設情況為：

　　京滬高鐵，全長 1 318 公里，2011 年 6 月 30 日全線正式
通車，運營速度為 350 公里 / 時。京滬高鐵途經北京市、天津
市、河北省、山東省、安徽省、江蘇省和上海市，連接了北京

市和上海市兩個特大城市，是全世界一次性建成線路最長、標準最高的高鐵。

京廣高鐵，全長 2 298 公里，2012 年 12 月 26 日全線貫通運營，運營速度為 200 公里 / 時。京廣高鐵縱貫中國南北，途經北京市、河北省、河南省、湖北省、湖南省和廣東省，連接了環渤海經濟圈、中原城市羣、武漢城市羣和珠三角地區，對區域經濟社會協調發展具有巨大作用。京廣高鐵的延伸線廣深港高鐵已經在 2018 年 9 月 23 日開通運營。京廣高鐵與廣深港高鐵共同組成了京港高鐵。

東南沿海高鐵，全長 1 524 公里，2013 年 12 月 28 日全線貫通運營。東南沿海高鐵途經浙江省、福建省和廣東省，串起了長三角地區、珠三角地區等東南沿海地區，加快了區域經濟互動。

京哈高鐵，途經北京市、河北省、遼寧省、吉林省和黑龍江省。2012 年 12 月 1 日，瀋哈段（哈爾濱至大連）已經開通；新京瀋段 2020 年年底全線通車（承德至瀋陽段已在 2018 年 12 月 29 日通車）。

「四橫」高鐵的具體建設情況為：

滬漢蓉高鐵，全長 1 969 公里，2014 年 7 月 1 日全線開通動車組，設計速度為 160〜350 公里 / 時。滬漢蓉高鐵途經上海市、江蘇省、安徽省、湖北省、重慶市和四川省。

京滬高鐵鋪軌中的大烏蘭特大橋　　　　　　　　　　／ 朱洪山 攝影

　　滬昆高鐵，全長 2 252 公里，2016 年 12 月 28 日全線正式通車，運營速度為 300 公里／時。滬昆高鐵途經上海市、浙江省、江西省、湖南省、貴州省和雲南省，是中國東西向里程最長的高鐵，大大縮短了西南地區與華南、華東和中南地區的時空距離。

　　徐蘭高鐵，全長 1 434 公里，2017 年 7 月 9 日全線正式通車，運營速度為 250～300 公里／時。徐蘭高鐵途經江蘇省、安徽省、河南省、陝西省和甘肅省，將中國西北地區連接到全國的高速鐵路網，促進了東、中、西部地區的協調發展，對推動絲綢之路經濟帶建設具有重要意義。

滬昆高鐵　　　　　　　　　　　　　　　　　　／由中鐵四局提供

　　青石太高鐵，全長 821 公里，途經山東省、河北省和山西省。2017 年 12 月 28 日，石家莊至濟南段正式開通運營，標誌着「四橫」的完美收官。2018 年 12 月 26 日，濟南至青島段建成通車，至此青石太高鐵全線通車。

　　「四縱四橫」高速鐵路網體現了中國高鐵的國家意志，密集的高速鐵路網為中國高鐵延伸出更多觸角。中國高鐵在完成「四縱四橫」高速鐵路網之後，又向「八縱八橫」高速鐵路網（見表 7-2）邁進。「八縱八橫」高速鐵路網更注重打通沿海通道和東西部通道，讓中國高速鐵路網的骨架網建設輻射更廣。

表 7-2 「八縱八橫」高速鐵路網

	線路名稱	連接地區	與「四縱四橫」的關係
八縱	沿海通道	貫通京津冀、遼中南、山東半島、東隴海、長三角、海峽西岸、珠三角、北部灣等城市羣	東南沿海高鐵的南北雙向延伸
	京滬通道	貫通京津冀、長三角等城市羣	京滬高鐵的複線
	京港（台）通道	貫通京津冀、長江中游、海峽西岸、珠三角等城市羣	新建路線
	京哈 - 京港澳通道	貫通哈長、遼中南、京津冀、中原、長江中游、珠三角等城市羣	京哈高鐵和京港高鐵的結合，加上廣珠澳支線
	呼南通道	貫通呼包鄂榆、山西中部、中原、長江中游、北部灣等城市羣	新建路線
	京昆通道	貫通京津冀、太原、關中平原、成渝、滇中等城市羣	新建路線
	包（銀）海通道	貫通呼包鄂、寧夏沿黃、關中平原、成渝、黔中、北部灣等城市羣	新建路線
	蘭（西）廣通道	貫通蘭西、成渝、黔中、珠三角等城市羣	新建路線
八橫	綏滿通道	連接黑龍江及蒙東地區	新建路線
	京蘭通道	貫通京津冀、呼包鄂、寧夏沿黃、蘭西等城市羣	新建路線
	青銀通道	貫通山東半島、京津冀、太原、寧夏沿黃等城市羣	青石太高鐵向西至銀川的延伸

（續上表）

	線路名稱	連接地區	與「四縱四橫」的關係
八橫	陸橋通道	貫通東隴海、中原、關中平原、蘭西、天山北坡等城市羣	徐蘭高鐵的東西雙向延伸
	沿江通道	貫通長三角、長江中游、成渝等城市羣	滬漢蓉高鐵的複線
	滬昆通道	貫通長三角、長江中游、黔中、滇中等城市羣	滬昆高鐵
	廈渝通道	貫通海峽西岸、長江中游、成渝等城市羣	新建路線
	廣昆通道	貫通珠三角、北部灣、滇中等城市羣	新建路線

　　「四縱四橫」高速鐵路網連接了北上廣等城市，「八縱八橫」高速鐵路網主通道將連接主要城市羣、基本連接省會城市和其他 50 萬人口以上的大中城市，實現相鄰大中城市間 1～4 小時、城市羣內 0.5～2 小時生活圈。高速鐵路網的形成充分帶動了不同區域經濟發展。「八縱八橫」高速鐵路網將擴大中西部鐵路網覆蓋區域，實現鐵路基本覆蓋縣級以上行政區，推進與周邊互聯互通，有助於加快脫貧攻堅和國土開發鐵路建設。

　　東西部地區差距應警醒中國高鐵不要片面以效益作為發

展高鐵的指揮棒。無論是前期的「四縱四橫」高速鐵路網，還是繼之而建的「八縱八橫」高速鐵路網，中國高鐵瞄準省會城市和人口數量超過 50 萬的城市的思路是對的。但由於歷史原因和經濟原因以及地質狀況限制，中國鐵路的佈局中，西部地區的鐵路建設明顯處於劣勢。普速鐵路的建設「欠賬」事實上已經制約了西部地區的發展。相對於修建公路而言，中國高鐵的建設更加節約土地。西部地區雖然經濟欠發達，但生態保護相對較好，從路徑選擇上，高鐵建設優於高速公路建設。但遺憾的是，目前的中國高鐵基本是以客運為主，還沒有客貨混運的高鐵建成。中國高鐵建設以人流為技術設計指標，勢必會忽視西部地區迅速崛起城市的高鐵運輸需要。如果單純從短期的經濟效益考量，在這些地區修建高鐵不利於中國高鐵的投資回收，但從長遠的戰略需要出發，這些地區及早修建高鐵，不僅能拉動人才向艱苦地區流動，也能反哺當地的經濟發展。在突破中國高鐵單一旅客運輸的基礎上，建立客貨混運的中國高鐵新線路，對中國高鐵的良性發展，特別是西部貧困地區的物流快運具有更加現實性的意義。

中國高鐵對欠發達地區和中國高鐵發達地區的再塑造應有「工筆畫法」的功夫。欠發達地區的落後面貌需要高鐵發展規劃予以政策性調整。特別是一些邊疆口岸城市高鐵的修建不

僅事關邊疆鐵路的自身發展，也助力中國高鐵向相鄰國家的輸
出。這對中國高鐵的未來謀劃提出了新的挑戰。在完成「八縱
八橫」高速鐵路網建設後，有必要對區域性的高速鐵路網進行
細化和完善。完善邊疆高速鐵路網的建設，既有利於邊疆面貌
的改善，又有利於中國高鐵走向周邊國家。

第三節　奔向世界的中國高鐵

中華人民共和國成立後，我們就一直堅持支援世界上其
他國家的建設。無論是過去的無私支援，還是現在的國際化合
作，都體現了中國對世界人民的友好幫助，體現了中國政府和
人民在世界交往中所持的和平與友好態度。

中國有向世界輸出中國鐵路的傳統。在非洲鐵路建設
中，中國的援建具有很大貢獻，至今還在使用的坦贊鐵路（坦
桑尼亞至贊比亞）是中非人民友誼的象徵。許多坦桑尼亞鐵路
工人曾到中國參加培訓，感受到了中國人民的友好情誼，他們
以不太熟練的漢語向中國建設者表達美好祝福。在坦贊鐵路建
設中，中國建設者播撒下了一顆顆友誼的種子。這些種子在非
洲生根發芽、快速成長，推動中非合作不斷前進。

近幾年，中國通過向一些國家輸出動車設備和援建准高

速鐵路，不斷檢驗中國的高鐵技術。強大的設計團隊、過硬的技術標準以及性價比高的高鐵產品在國外越來越受到歡迎。隨着「一帶一路」建設工作的不斷推進，中國高鐵將在「一帶一路」沿線地區開花結果，帶動區域內基礎設施互聯互通水平的提升。以中老鐵路、中泰鐵路、匈塞鐵路、雅萬高鐵等合作項目為重點的區際、洲際鐵路網絡建設取得重大進展。泛亞鐵路東線、巴基斯坦 1 號鐵路幹線升級改造、中吉烏鐵路等項目正積極推進前期研究，中國與尼泊爾間跨境鐵路已完成可行性研究。中歐班列初步探索形成了多國協作的國際班列運行機制。由中國中鐵三局集團有限公司承建的印度尼西亞雅加達至萬隆高鐵項目瓦利尼隧道於 2019 年 5 月 14 日貫通，標誌着雅萬高鐵建設取得階段性重要進展，為全線加速建設奠定了堅實基礎。

中國高鐵之所以能走向世界，與中國高鐵的安全可靠、舒適體驗是分不開的。如果你稍微觀察就會發現，越來越多的外國遊客熱衷於體驗中國高鐵。中國高鐵給他們提供的不僅是一種快速體驗，也是我國發展速度和綜合國力的彰顯，是中國文化和中國智慧的象徵，也是中國品牌向世界展示的名片。有的外國遊客喜歡以不同方式體驗中國高鐵。一位來自英國的研究中國茶文化的專家，專門在高鐵上沖泡一杯中國紅茶，在細

品慢飲中感受中國高鐵的平穩之美。我曾經細緻觀察過一位外國遊客專門拍攝中國高鐵動車車門的開關過程，他驚歎於中國高鐵的技術。正是中國高鐵的優質品質帶來的體驗，讓更多國際友人對中國高鐵充滿興趣。

　　中國高鐵走向世界也是由於其「物美價廉」。2014 年 7 月，世界銀行發佈了對中國高鐵的分析報告，對中國在 2007—2013 年間建成的一萬公里高速鐵路網（按時速 250 公里計算）的成就進行了解讀。世界銀行在這份報告中指出，中國的高鐵建築施工企業建設成本大約為其他國家的 2/3，而票價僅為其他國家的 1/5〜1/4。具體而言，中國高鐵的加權平均單位成本為：速度 350 公里 / 時的項目為 1.29 億元 / 公里；速度 250 公里 / 時的項目為 0.87 億元 / 公里。世界銀行分析稱，除了勞動力成本較低外，高層規劃和規模效應也是中國高鐵如此價廉的重要原因。報告舉例稱，雖然中國引進了德國的板式軌道製造工藝，但由於中國的勞動力成本較低且產量很大，因此中國製造該產品的成本比德國產品低 1/3 左右。時隔五年後，世界銀行再次發佈《中國的高速鐵路發展》報告，該報告指出，長期全面的規劃和設計標準化是中國高鐵成功的關鍵要素。

　　中國高鐵走向世界更是因為擁有過硬的技術能力。中國

高鐵建設有着在複雜地質條件下從事各種施工的經驗積累；有着現代化工程設計施工的豐富經驗，有着在非常氣候變化條件下工程施工和列車運營的具體經驗。蘭新高鐵跨越塞北風區，滬昆高鐵穿越嶺南山川，哈大高鐵馳騁東北雪海，寧杭高鐵穿梭江南水鄉，這些為中國高鐵走向世界提供了地域性工程模板和動車運行的基本數據指標，為世界高鐵動車運營提供了豐富的實踐經驗，為中國高鐵走出去奠定了堅實的技術基礎。中國高鐵堪稱當之無愧的高鐵「教科書」。

中國高鐵走向世界需要把握階段性節奏和掌握安全可靠度。一方面，一些發展中國家經濟實力相對薄弱，甚至缺少穩定的政治局勢，儘管他們期待中國高鐵儘快落地，但在這些國家修建高鐵要費一些周折。特別是對那些期待以較少投入獲得中國高鐵技術的國家而言，中國高鐵在這些國家如何發展的確需要進一步探討。另一方面，隨着中國高鐵影響力的不斷加大，一些西方國家宣揚中國高鐵「威脅論」，加之高鐵技術擁有國對中國高鐵技術的片面宣傳，致使中國高鐵在走向世界特別是在走向歐美國家的過程中困難重重。中國高鐵走向世界，需要中國鐵路人的技術和智慧，也需要我們與世界人民的真誠溝通，以和諧的對話、務實的行動推進中國高鐵為世界人民服務。

　　奔向世界的中國高鐵必將擁有美好的未來。中國高鐵走向世界勢在必行，原因在於中國如今擁有了大量的高鐵建設經驗。中國高鐵的技術集成是集中採納了眾多國家的高鐵先進技術特點並創新的成果，更重要的是中國擁有數量可觀的高鐵工程建設隊伍、高鐵裝備製造隊伍，以及高鐵運營隊伍。這些高鐵隊伍脫胎於中國傳統的鐵路企業，有着豐厚的技術經驗積澱，同時又經受了苛刻的高鐵技術的磨煉。許多中國鐵路人不僅有無數條高鐵的建設和運營的經驗，而且有的鐵路人還在其他國家進行了十幾年的准高鐵建設，擁有豐富的調試經驗，這為中國高鐵走向世界提供了雄厚的技術基礎和人才儲備。

第四節　高鐵之美帶動發展之美

　　中國高鐵之所以享譽世界，與中華人民共和國成立後我國綜合國力的提升有着很大的關係。沒有雄厚的經濟基礎，就不會有支撐快速、大規模高鐵建設的資金投入；沒有豐富的物質積累，高鐵建設所必需的基礎材料就無從談起；沒有廣泛開展的普及教育，中國高鐵各方面的人才就不會湧現。中國高鐵的發展，是我國經濟實力和科技實力的體現，是我國教育發展和交通發展的結合，是我國鐵路科技人才和管理人才建設推進

的結果。中國高鐵發展到今天，更像一個綜合指標考核器，它完整地展現了中華人民共和國成立後中國鐵路發展的成果，體現了我國的綜合國力。

高鐵之美是中國高鐵工業製造由跟跑到領跑的進步。中國高鐵獲得持續的進步，與動車的靚麗改造是分不開的。沒有幾十年機車人默默無聞的技術摸索，沒有引進國外高鐵運行設施的大膽嘗試，沒有高鐵事故後中國動車製造者的深刻反思，沒有三代動車設計者不捨晝夜的忘我勞動，中國動車就不會在短短的十幾年間從跟跑到並跑再到某些領域的領跑。中國高鐵技術的飛躍，融入了中國動車製造者鳳凰涅槃的過程，滲透着他們辛勤的汗水和酸甜苦辣。高鐵之美，美在這些高尚的奉獻者日復一日的攻關，不計個人回報的努力！

高鐵之美是不斷提升的運營管理與服務質量。中國高鐵的發展在建設中輝煌，在運營中流暢，在管理中昇華。中國高鐵的運營管理人員成為以路為家的模範，他們為了提供標準化服務，犧牲了家庭團聚的美好時光。管理者的高素質和鐵路勞動者的社會責任感，造就了高鐵品質。高鐵管理之美與高鐵運營之美相協調，為出行者帶來優質服務的旅途。

高鐵之美帶動了人文之美、環境之美，最終帶來了發展之美。中國高鐵發展的中國速度，不僅僅是物理速度的提

升，更是多方面速度的提升。其中蘊含的科技之美、人文之美和環境之美的體驗，是人民的要求、時代發展的要求，這些都呈現出中國發展之美。高鐵代表了中國的發展之美，具有科技與人文雙重性質。在中國高鐵發展的過程中，你能從旅客身上看到國家的變化，你能從列車穿行的速度裏感受到中國的發展速度，你能從高鐵裏找到人們對祖國深深的自豪與感恩！這就是中國高鐵，在平和中展示着崛起的中國力量，展示着中國走向輝煌未來的堅定步伐！

第五節　高鐵發展引發的理性思考

高鐵的確為中國的經濟發展帶來了一股強勁東風，大江南北，無論是巨賈還是平民，中國高鐵都是快的象徵、時代的象徵。中國高鐵適應了信息時代的要求，給人帶來了新的時空觀以及不同的生活方式。快本身意味着一種生活方式，但這種生活方式本身就意味着對慢的思考，對安全的高要求，對地區交通公平化的挑戰，對未來生活一種新的考量。面對高鐵帶來的人際交往的變化、城市發展的變化、交通運輸競爭體系的變化，人們或許還來不及適應，這些變化就已經悄然來到我們身邊。但在高鐵帶來改變的同時，人們並沒有停止理性的思考。

　　高鐵是衝撞中國經濟發展的「灰犀牛」（比喻大概率且影響巨大的潛在危機）嗎？從高鐵對地方政府的負債影響考慮，高鐵的發展帶來一定的經濟風險，但這一風險存在的前提是高鐵運營建立在非市場經濟的基礎上。中國高鐵帶有中國特色社會主義的鮮明特點，其運營管理具有惠民性特點，與高鐵的投入難以形成適應的體系。國家要想改變高鐵被動責任式貢獻大於市場規則的處境，就應該及時適應以市場需求定價的方式，優化運營組織，這樣才能儘快獲得很好的運營收益。對相對上客率較低的高鐵運營線路，除了今後必要的線路設計要注重規劃調整外，國家也應適度考慮高鐵沿線的線路修建問題甚至人口遷移問題。一是不能為修高鐵而修高鐵，二是高鐵也應為新的版圖格局和人口規劃做貢獻。中國是人口大國，但更多人口聚集在東部沿海地區，高鐵在西部地區的合理規劃會使人口自發向該地區遷移，這必將為中國經濟的再度騰飛帶來相應的貢獻。中國高鐵建設本身帶動了中國相關行業的發展，因此其中的經濟貢獻不能僅僅用高鐵的運營成本來考慮。另外從系統論的觀點講，中國高鐵所集聚的人才流、物流、信息流效應，帶動高鐵沿線乃至貧困地區的經濟發展，這些結果也不能通過高鐵單一的運營成本和收益來進行計算。高鐵的波動效應超過高鐵本身，這是我們對高鐵發展應該保持的一種理性態度。

　　怎樣佈局高鐵才能真正體現交通運輸的公平？交通運輸發展到現在，不僅僅代表着一種交通文化，更體現着一種權利的公平。中國高鐵的佈局還不能徹底遵循市場原則，換言之，不能完全從經營成本角度考慮問題。如果過分因循經濟路線，可能會造成高鐵的馬太效應（指強者越強、弱者越弱的社會現象），在高鐵發達的地區，高鐵復建頻率加快，如京滬高鐵第二線的建設；而在本來缺少普通鐵路的地區，則是望高鐵興歎！這種發展模式固然與歷史經濟發展有關，但也與我們對高鐵的佈局導向有關。所以，適時、適度在西部經濟相對發達、人口相對密集的地區，修建一定量的高鐵，雖然從短期看，對鐵路的經濟效益是一個制約，但從長期看，對中國高鐵的合理佈局將起到十分關鍵的作用。從一定意義上而言，這種佈局也為中國高鐵的公平惠民提供了現實通道。

　　「7‧23」甬溫線特別重大鐵路交通事故給中國高鐵的安全警醒有哪些？該事故從一定角度給我們敲響了警鐘，從一定程度上讓中國高鐵放慢了發展過快的步伐，讓人們的頭腦冷靜下來。在中國高鐵發展過程中，人們對技術的過度自信，對目標的急於求成，造成了對規範和標準遵守的不到位，中國高鐵參與者應該牢牢記住這個教訓。

　　高鐵發展模式能否複製到其他行業？中國高鐵經過了多

年的自力更生和技術積澱，從積極引進吸收先進的國外高鐵技術，到創新打造了中國標準動車組，這是中國人民智慧和辛勞的一大傑作。中國高鐵的模式不一定可以複製，但高鐵發展過程中的經驗值得借鑒。一是長期的技術摸索是實現技術騰飛的基礎；二是虛心借鑒國外先進的科學技術是實現技術突破的有效途徑；三是吸收國外技術優點，適應我國國情的自主創新更有利於高新技術的落地、推廣，更有利於中國當下和未來的發展。

中國高鐵技術是否一定堅持輪軌技術？隨着中國輪軌技術鐵路的大量修建，中國的輪軌技術會遇到新的瓶頸，在經濟發達地區，磁懸浮技術有可能在未來的高鐵技術發展中佔有一席之地。這種趨勢可能來得相對較晚，但理性的高鐵建設者在市場需要和科技成熟之間，自會選擇比較合適的高鐵技術。未來高鐵技術的變動會帶來高鐵新一輪區域範圍內的建設，但不會出現大開大合的建設效果。磁懸浮技術更多會作為技術性的補充或者在商業化、觀光化的運營中贏得更多層面的操作空間。

未來中國高鐵還需要初期發展的那般狂熱嗎？中國高鐵的發展經歷了從對技術的懵懂到對技術的清晰認知，從對高鐵的狂熱到事故之後的冷靜，從京津城際鐵路的開通到 2021年年底運營里程突破四萬公里，已從感性的巔峰步入理性的地面。未來中國高鐵的發展會因為人們對中國高鐵認知的深入而

發生新的改變，無論是建設還是規劃，人們都會以更加科學、審慎的目光對待中國高鐵。中國高鐵將走向理性發展之路。

　　理性發展的高鐵應該是什麼樣子？中國高鐵一方面要為社會經濟發展服務，另一方面還要體現公平原則，這就為中國高鐵的發展提出了難題。中國高鐵在過去的十多年裏走過了引進吸收再創新的發展路徑，在未來的歲月裏，中國高鐵要走一條理性發展的路徑。一是要走技術成熟路徑，選擇成熟的高鐵工程建設技術和裝備製造技術路徑；二是積極探索科學合理的高鐵路線規劃，在發達地區修建高鐵的同時，兼顧欠發達地區的高鐵修建；三是配合國家的發展戰略，促進區域間協調發展；四是積極響應中國的「一帶一路」倡議，推動中國高鐵走向世界各國。

　　未來中國高鐵的規劃與建設應堅持系統性與有效性的統一。未來中國高鐵無論是在國內建設還是走向世界，肯定會堅持大與小的結合、近與遠的統一，堅持系統性與有效性的結合。

第六節　專家、學者對未來中國高鐵發展的對話

　　本節節選了部分高鐵領域的參與者、專家、學者針對中國高鐵發展的一些觀點，力求為讀者提供多種角度與視野。

　　傅志寰在《中國鐵路》2017 年第 8 期撰文稱：滴水穿石，非一日之功。我國高鐵也是一樣，它的孕育和發展經歷了一個漫長的過程，不是一蹴而就的。也可以說，我國高鐵的發展就好像一場接力賽，是一棒接一棒跑下去的。當然，最後的衝線者得到了更多的鏡頭和鮮花也在情理之中。不過，勝利果實應屬於參與接力賽的全體。從鐵路大提速到高鐵建設高潮，中間至少經歷了京滬高鐵論證、技術路線爭論、秦瀋客運專線建設等歷程。這些持續十幾年的規劃研究、技術攻關和建設實踐，是我國高鐵發展中不可或缺的一個個台階。目前中國已經積累了寒帶、熱帶、大風、沙漠、凍土等不同氣候和地質條件下高鐵建設的豐富經驗，掌握了高鐵工務工程、動車組、通信信號、牽引供電、運營管理及安全防控技術，形成了先進的高鐵技術體系。我國是世界上少數能夠提供包括工程設施建設、動車組設計製造、運營管理等高鐵成套技術的國家。中國高鐵的成就歸功於萬千建設者和科技人員，歸功於廣大鐵路職工，正是他們的忘我奉獻，才鑄就了中國鐵路今日之輝煌。

　　顯然，傅志寰更多地趨向於中國高鐵技術的歷史積澱。有的媒體報道說，中國用 5 年的時間走完國際上 40 年高鐵發展的歷程，還寫下「5 年 =40 年」的說法，對此，傅

志寰批駁道：「5 年 =40 年」的等式是不公正的，即忽略了「5 年」以前廣大幹部職工在發展高鐵上所做的工作。由此不免使人聯想到流傳甚廣的「最後一個饅頭」的故事。故事裏的餓漢一口氣吃了四個饅頭，飽腹後的他卻說：「最後 1 個饅頭才使我吃飽，前面那幾個都不管用。」顯而易見，這種說法有悖常理。我國高鐵所取得的成就，是幾代人共同奮鬥的結果。技術引進固然重要，但不能忘記我國鐵路自主創新的成就。高鐵土建技術主要源於我國鐵路建設實踐。對動車組技術而言，在充分肯定技術引進不可或缺的同時，也要看到我國機車車輛工業多年的積累。2004 年開始大規模引進之前，我國就研製了十幾種型號動車組，其中有「神州」「中原之星」「藍箭」等型號。此外，還有為秦瀋客運專線研製的「先鋒號」和「中華之星」高速動車組。「中華之星」在轉向架設計、鋁合金車體應用、空氣動力學試驗、牽引與制動及列車網絡系統等方面都取得了開創性的成果。儘管當時動車組型號偏多，批量不大，有的技術尚不十分成熟，但是它們畢竟是使我國鐵路駛入高速的先驅。

傅志寰認為高鐵是鐵路人不懈努力的結果，突變來自漸變：鐵路人鍥而不捨的執着追求是高鐵發展的強勁動力。

從 20 世紀 90 年代開始，鐵路人就懷着在中國建設高鐵的夢想，並為此呼籲、奮鬥、鍥而不捨。以京滬高鐵為例，從構思到開工，鐵路人堅守了 18 年。1998 年，輪軌與磁懸浮兩種技術路線之間發生激烈爭論，一時間京滬高鐵非磁懸浮技術莫屬的呼聲高漲。儘管如此，鐵路人卻一直在堅持自己認為正確的輪軌技術方案，從未中斷有關研究設計工作，沒有放棄涉及土木建築、機車車輛、通信信號等數百個科技攻關項目。鐵路人長期守望與堅持，任由「上馬」呼聲潮起潮落，終於在 2008 年迎來了京滬高鐵開工儀式，隨後全線建設快速展開，並於 2011 年 6 月 30 日建成通車。

中國鐵路研究的專家何華武在《中國鐵路》2019 年第 3 期中撰文提出：

經過十幾年的發展建設，我國已成為擁有世界上最發達的高速鐵路網的國家，形成了全面擁有自主知識產權的成套技術裝備和技術體系。在「交通強國」戰略的指引下，在智能技術快速發展的推動下，我國高鐵快速發展的同時，正穩步邁進智能化發展的新階段。智能高鐵是一項複雜而龐大的信息物理系統工程，需要做好頂層設計和整體規劃，通過對智能高鐵體系框架的研究和探索，提出智能

高鐵的發展藍圖和實施戰略，為我國智能高鐵的有序建設提供戰略支撐。

而在 2018 國家製造強國建設專家論壇上，何華武針對製造強國的構建提出一些對策建議：

一是堅持質量與結構優化相結合。加快確立競爭性政策在我國政策體系中的基礎地位，提高製造業供給質量和水平。必須以供給側改革為主要手段，從需求側促進行業均衡發展，實現高質量產品供給，加強技術供給，加強企業品牌體系建設，開放國內市場倒逼落後企業升級。我是長期從事鐵路工作的，供給和需求怎麼結合，我在這方面有所體會。我國最初發展高鐵的時候，國內沒有速度 350 公里 / 時的高速鋼軌，是進口還是部分進口還是全國產，當時的爭論非常大。但最終我們下決心要自己研發製造，大家可以想像今天我國高鐵運營里程是多少，如果跑到歐洲去進口，需要多少船去裝。這件事是製造業非常典型的一個案例，製造這個鋼軌並不容易。我舉這個例子，是鼓勵大家一定要創新，但是創新有一系列的方法和環境。二是堅持傳統產業與新興產業兩手抓，在建設現代經濟體系中，既要發揮新興產業的引領示範、搶佔制

高點的作用，也要充分重視傳統產業技術改造升級。傳統產業是面、是存量，新興產業是點、是增量。大力改造提升傳統製造業、推動生產製造邁向數字化、網絡化、智能化，重點支持新興產業要強化統籌科學謀劃。三是進一步推動製造業創新驅動發展，推動技術創新回歸本意，堅持價值導向，避免創新概念泛化，將引進吸收與自主創新相結合，依靠技術進步引導製造業乃至整個工業向形態更高級、分工更明確、結構更合理階段演化。繼續深化科技體制改革，真正發揮企業創新主體的作用，聚焦創新產品和創新生產工藝流程。四是大力營造有利於製造企業發展的市場環境。當前我國製造企業最需要的是公平競爭的市場環境，要持續深化放管服改革，減少前置審批，加大過程監管，建立誠信體系。強化監管部門履職，集中政令、解決市場地區分割問題。強化知識產權保護，暢通企業出口，理順金融業。

何華武在《中國工程科學》2017 年第 19 卷第 5 期中就中國鐵路「走出去」投融資模式研究撰文提出：

要堅持政府推動，企業主導。政府加強統籌協調，完善支持政策，營造良好環境，創造有利條件。企業遵循市

場規律和國際通行規則，根據市場需求與自身實際情況對具體項目進行選擇和運作。堅持分業施策，因地制宜。鐵路勘測設計、建築施工、技術裝備、運營管理等面臨的市場需求和環境差異較大，必須分業施策。突出重點區域，明確不同地區、不同市場的具體情況，將有限的資源用在最急需的區域和項目上。堅持穩妥推進，防控風險。認真做好東道國在政治、經濟、法律、市場方面的分析和評估，加強項目可行性研究和論證；積極謀劃、合理佈局，有力、有序、有效地向前推進；儘早識別風險，切實防控風險，建立健全風險評估和防控機制。

針對中國鐵路「走出去」，何華武提出了自己的建議。

（1）加強企業間聯合協作。通過加強企業間聯合協作，以期達到以下目的：第一，適應鐵路國際合作模式向PPP、全產業鏈「一攬子」實施等模式轉型，大力推動國內鐵路建設運營企業與金融等相關領域的企業合作，提高企業在國際鐵路市場中的整體競爭力；第二，強化企業在鐵路國際市場的自律性，避免企業間的無序競爭和惡性競爭；第三，促進資源整合，實現平台、信息等資源共享，集中力量聯合協作。我國企業協同走出去的合作

模式是構成「走出去」投融資模式的重要前提和基礎，需要兼顧參與企業總體及個體的利益，設計好合作模式，確保形成合力。

（2）設立鐵路國際合作戰略委員會。設立鐵路國際合作戰略委員會，由常設機構管理，加大執行力，以便更好地組織協調相關企業。政企聯合應對重大的國外鐵路項目，以產業鏈為引導，實行企業組團「走出去」戰略。

（3）中國鐵路「走出去」國家戰略型項目應前期認定。國家戰略型項目指的是以國家利益為目的，為國家政治、經濟和國防需要服務的境外鐵路建設項目（一般為在政府間合作機制下簽訂了合作協議的項目）。

（4）設立鐵路國際合作基金。研究設立鐵路國際合作基金，基金主要是為了貫徹國家戰略意圖，用於對戰略型國際合作項目進行投資，並從中獲得合理回報。設立鐵路產業「走出去」支持基金，直接投資建設政府間鐵路合作項目，以全額出資或適當補助的方式，支持企業開展境外鐵路項目的前期工作，並定向給予融資優惠政策。

（5）充分利用政府間區域性國際金融機構。充分利用中國作為主要倡導國發起的已設立或即將設立的政府間區域性國際金融機構。

　　參加過京滬高鐵建設的總工程師趙國堂在《鐵道學報》2019 年第 1 期中撰寫了《中國高速鐵路通用建造技術研究及應用》一文，提出了建造技術在中國高鐵中的具體應用情況：

　　（1）針對我國高鐵標準跨度橋樑應用比例大、通過速度高的特點，構建了基於剛度控制的設計理論及成套技術參數體系，建立了基於變形控制、樑軌體系協同結構設計方法，形成了以製運架模式為主的成套施工技術，創立了中國橋樑先進成熟的技術體系，支撐了我國高鐵橋樑的建設。（2）創建了高鐵剛性樁加固地基技術，通過樁頂荷載分配分擔、加固區負摩阻區作用及下臥層支承傳遞，顯著減少了加固區軟弱土層次固結沉降量及時間，可有效控制路基總沉降，加快路基穩定，並提出了沉降計算方法。目前剛性樁加固地基技術已廣泛應用於我國高鐵工程，有效保證了高鐵路基工後沉降的控制。（3）我國已經構建了高鐵隧道全過程圍嚴變形控制理論及支護—圍嚴協同作用設計方法，創新了鑽爆機械化施工技術，高鐵隧道施工效率大幅度提高，圍嚴變形得到有效控制。（4）我國高鐵無砟軌道構建了較為完善的設計計算理論和方法，掌握了四類主要無砟軌道結構原理，創新了高早強混凝土製備路線，

形成了無砟軌道施工成套技術，為我國高鐵全面、系統應用無砟軌道奠定了基礎，實現了軌道的高平順、高穩定，確保了高鐵高速、平穩、正點運行。

馬雲雙作為中車四方股份公司的總經理，是從技術人員一步步成長起來的動車組製造領導者，見證了中國高鐵的發展過程。作為教授級高工，他在總結公司的創新過程時說：

公司堅持以客戶為本，敏銳把握用戶需求，成功研製了以「復興號」動車組為代表的一系列軌道交通車輛產品。目前公司擁有高速動車組、城際及市域動車組、地鐵車輛、現代有軌電車、單軌車輛、高檔鐵路客車、內燃動車組七大產品平台，涵蓋從 50 公里 / 時到 350 公里 / 時及以上速度等級的譜系化、定製化軌道交通車輛產品，實現「全速度等級、全譜系、全壽命周期」覆蓋。產品在服務國內市場的同時，不斷拓展海外市場，新加坡地鐵、阿根廷城際列車、芝加哥地鐵等產品已成功「走出去」，印度尼西亞的雅萬高鐵車輛也正在開展研發。公司多年來追求卓越、不斷創新，「復興號」動車組承擔了高端產業的發展使命，邁出了從追趕到領跑的關鍵一步。在取得一系列科技成績的同時，公司着眼未來，及早佈局，創新的腳步從未停

止。公司圍繞「交通強國、鐵路先行、裝備支撐」的總體
要求，堅持以運輸需求為導向，積極推進產品技術創新，
瞄準「高效、安全、綠色、智能」的高端鐵路裝備頂層發
展目標，向譜系化、智能化、高安全性、可靠性及互聯互
通方向深化發展。在速度方面，依託磁懸浮技術，輔以輕
量化複合材料車體結構，開展高速磁浮研製；在節能方面，
圍繞高速列車輕量化部件、基於氣動外形和流場控制的減
阻技術等開展研究；在智能化方面，圍繞列車安全預測、
運行管理、智慧旅服、智能維保等智能應用技術開展研究；
在無人駕駛技術方面，借鑒全自動駕駛城軌列車經驗，加
快在高速動車組的探索及應用；在新材料應用技術方面，
開展碳纖維等先進材料在軌道交通裝備的應用研究；在故
障預測與健康管理技術方面，基於大數據分析，開展相關
健康評估、故障預測與維修決策技術研究；在互聯互通方
面，圍繞國內外需求和地域規範，開展滿足重聯要求、不
同軌距與供電制式等要求的技術研究。

　　蔡慶華是一生致力於鐵路建設的專家型領導，他認為
中國高鐵有走出去的實力與基礎。2014 年，蔡慶華在接受
採訪時談道：京滬高鐵的建設，完善了中國的綜合交通運
輸體系，極大地改善了京滬通道運輸長期緊張的局面，大

大促進了沿線經濟的發展。京滬高鐵的開通運營，提升了
鐵路的服務水平，開始改變着人們對鐵路的印象和看法。
京滬高鐵，尤其是高速鐵路網的建設，加快了人們的生活
節奏，拉近了人們的時空距離。京滬高鐵 18 年的準備，三
年半的建設，又是三年半的運營，實踐證明，中國高鐵的
技術是先進的、成熟的，京滬高鐵的質量是可靠的，動車
組的速度是一流的，京滬高鐵的投資是可控的，京滬高鐵
的經濟效益和它所帶來的社會效益是顯著的，中國高鐵的
性價比是高的，發展前景是廣闊的！中國高鐵理應成為「中
國名片」，京滬高鐵先導段跑出 486.1 公里 / 時的速度，也
應成為「中國速度」！中國的高速鐵路網正在加快形成和完
善。中央領導支持高鐵的發展，向國內外推薦高鐵技術，
支持中國高鐵走出去。中國高鐵應該走出去，中國高鐵有
能力走出去。

　　北京交通大學林曉言教授常年關注中國高鐵的影響效應，
對中國高鐵引發的人才集聚、城市發展、經濟拉動有獨到的研
究。他在對中國高鐵對人才影響做過相應的案例研究後提出：

　　城市的集聚現象是人才的集聚，城市的集聚效應與
人才吸引力互為因果，高鐵因其時空壓縮屬性影響城市人

才吸引力。人才流動的時間成本的節約、生產要素集聚帶來的勞動力池效應和經濟增長是影響城市人才吸引力大小的關鍵因素。高鐵通過影響上述因素形成其對於人才吸引力的綜合作用。首先，高鐵產生的運輸通道效應，促使生產要素不斷向着站點城市集聚，加強站點城市區域「增長極」的地位，這種集聚帶來的勞動力池效應會提升人才的吸引力；當集聚達到一定規模時，高鐵又將產生疏導作用，促使生產要素沿高鐵向外擴散。其次，高鐵極大地縮短了城市間的通行時間，提高了客流、物流克服空間阻力的能力，打破了空間地理位置對生產要素以及各類資源的束縛；提高了區域間經濟活動的效率，促使生產要素潛在空間流動範圍的擴大。最後，高鐵加強了城市間的聯繫，使得中心發達城市的溢出效應增強，帶動周邊欠發達城市的共同發展，實現高鐵沿線區域整體實力的增強。

北京交通大學趙堅教授對中國高鐵的建設以及發展持審慎的批評態度。從高鐵建設之初，到高鐵形成一定的規模以至於高鐵發展到今天，乃至於中國高鐵的未來發展，趙堅教授的觀點相對消極。這種消極反映了一些專家、學者在對中外高鐵進行對比研究後得出的結論，不能貿然評價這種觀點的對與

錯，而應根據高鐵未來的發展和經濟收益予以事實驗證。

2011 年 7 月，趙堅教授在接受《中國經濟和信息化》記者葉脈的採訪時認為：大建高鐵是邏輯錯誤。

葉脈：您認為高鐵建設能解決中國鐵路運輸運能不足的老大難問題嗎？

趙堅：顯然不行。中國的鐵路運輸密度已經是世界最高的，運力不足主要是因為線路少而不是車慢。如北京到廣州只有一條複線，哪裏滿足得了需求？武廣線如果不是修高鐵，而是修普通線路，一天最多可以對發 280 對列車，40 對跑貨運，240 對跑客運，一天一個方向能發送 36 萬人，兩個方向對發就是 70 多萬人，滿足春運根本不會有問題。高鐵速度快，但運營費用高、票價高，因此客流量低。另外普通列車不能上高鐵專線，因此高鐵線上車流稀少。例如，鄭（州到）西（安）線，全長 500 公里，每天只開行 11 對列車，而線路設計運能是 160 對。這好比 160 層的大飯店只有 11 層營業，還都沒住滿。提高高鐵發車密度則虧得更厲害，因為沒那麼多人坐。連京滬高鐵都不能實現盈虧平衡，其他線路的虧損只能更嚴重（事實上，京滬高鐵自 2014 年扭虧後持續盈利，2014 年至 2017 年 4 年

時間內收穫利潤共計 311.7 億元）。鐵道部現在有兩萬億元的高鐵借債，這麼大的債務負擔可能讓鐵道部在「十二五」期間喪失償還能力，增開車次緩解運能更不可能。

葉脈：鐵路運力不夠的最好解決辦法是什麼？

趙堅：多建鐵路。用大量的錢去建高鐵，可高鐵不適合中國大眾需求，客座利用率不高，導致中國鐵路運輸的瓶頸問題無法解決。2020 年國家規劃的鐵路總里程是 13 萬公里，我認為至少需要有 16 萬公里。鐵路需要多建，可以建設多條複線，但沒有必要修建高鐵。我認為既有線路以客運為主，新建線路以貨運為主的方式較好。

葉脈：京滬高鐵沿線城市車站幾乎全都設在交通不便的遠郊或是新區，地方政府稱此舉意在依靠高鐵帶動鄰近區域經濟和社會發展，您如何評價這種思維？

趙堅：地方政府過度誇大了高鐵對地方經濟的帶動作用。城市發展是多方面因素決定的，是和整個地區的產業發展相聯繫的，不是一條鐵路從那裏經過，那裏幾年時間就會自然發展起來的。日本的東海道新幹線於 1964 年開通，40 多年來有些車站儘管周邊基礎設施很好，也沒發展起來。名古屋附近有一個岐阜羽島車站，就是應岐阜縣的要求在那裏建站的。新幹線在那裏還特意拐了一個彎。但

是那裏 40 多年來依然沒有起色。可見不是引來了高鐵，經濟就必然發展。

2019 年 1 月 28 日，趙堅則以《謹防高鐵灰犀牛》一文直指中國高鐵發展的危害性。為此。筆者和一些經濟學家也予以回應。作為研究交通經濟的專家，趙堅教授的觀點自然有其理論基礎和邏輯體系，他在文中明確指出：長期以來，中國大量用柴油重型卡車運輸煤炭鋼鐵等基礎原材料，超載現象屢禁不止，幾千公里的汽車運輸中時常造成嚴重交通事故。對這些現象人們已經司空見慣，而對這些警示中國交通運輸結構已經嚴重惡化、鐵路貨物運輸能力嚴重不足的明確信號視而不見。對於中國鐵路總公司高速增長的巨額債務，人們認為中央政府有錢買單，而不予關注。地方政府建設高鐵的債務則是「黑箱」，與地方政府的各類負債混在一起，據統計已高達 18.29 萬億元。2018 年中國高鐵的收入或能覆蓋按基準利率計算的建設高鐵的貸款利息，但仍要由貨運收入和財政補貼來分擔高鐵運營的虧損。即使目前經濟效益最好的京滬高鐵，是用 2 200 億元的資產創造 100 億元左右的年利潤，資產利潤率也不到 5%，與銀行的基準利率相差無幾。債務對應的資產如果不能創造收益，政府就只能靠發行貨幣來沖銷債務。而這將引發

嚴重的通貨膨脹，帶來巨大的金融風險。一些人樂於誇耀
中國高鐵運營里程世界第一，而對高鐵債務世界第一的金
融風險視而不見。更為嚴重的是，各行為主體的短期利益
驅動和現行制度安排使他們對大規模高鐵建設的金融風險
視而不見。從建設主體來說，中國鐵路總公司在高鐵運營
上的嚴重虧損和巨額債務使其繼續擴大高鐵建設的意願大
打折扣，而地方政府則表現出空前高的積極性。各地方政
府都試圖通過建設高鐵來拉動地方經濟，多個省市政府提
出要在「四縱四橫」高速鐵路網絡的基礎上，建設「米」
字形高鐵。因為建設高鐵的投資主要或部分來自中國鐵路
總公司，地方可配套建設高鐵新城來拉動房地產投資，由
此增加地方 GDP 和本屆政府的政績，而債務的償還則由下
屆政府承擔。一些研究人員和諮詢機構熱衷發表文章論證
高鐵如何帶動地方經濟發展來獲得研究和規劃項目。政府
主管部門則希望通過高鐵投資來拉動經濟，抵消經濟下行
風險。中國是需要通過投資特別是通過投資鐵路來拉動經
濟，但問題是建設什麼鐵路、在哪裏建鐵路能夠更好推動
經濟社會發展。應當按照供給側結構性改革的要求來把握
投資方向和投資規模，這就需要按照習近平主席的要求，
提高「底線思維能力」。交通運輸業發展的底線思維就是

要按照市場經濟規律，提高交通運輸結構對需求結構的適應性；就要按照中央工作會議的要求，進行交通運輸的供給側結構性改革，「要減少無效供給、擴大有效供給，着力提升整個供給體系質量，提高供給結構對需求結構的適應性」。第一，要有交通運輸結構調整的底線思維。2017年中國鐵路貨運周轉量的市場份額（不含遠洋運輸）僅為17.5%，美國是世界上公路運輸最發達的國家，但其鐵路貨運周轉量的市場份額一直在 40% 左右。中國交通運輸結構的供給側結構性改革應使鐵路貨運周轉量的市場份額接近或達到美國的水平。2018 年中國鐵路的運營里程只有 13 萬公里，其中的 2.9 萬公里是只能運人不能運貨的高鐵，中國高鐵運營里程已相當於世界其他地區半個多世紀建設的高鐵的兩倍，但美國鐵路運營里程則為 22.5 萬公里。中國高標準普通鐵路還有巨大發展空間，但不是高鐵。中國鐵路的供給側結構性改革，應着力解決大量高鐵運能閒置和鐵路貨運能力短缺並存的問題，使鐵路的空間結構、功能結構與需求結構相適應。

美國南加州大學經濟系主任馬修．卡恩列舉中國高鐵給經濟發展帶來的種種好處，駁斥了美國不適合建造高鐵的說法：眾所周知，美國最具生產力的城市都面臨住房短

缺的問題。高房價使得那些不富有的人很難在波士頓、紐約、舊金山、波特蘭和西雅圖這樣的城市生活。解決這個問題的代價高昂。最近的研究表明，對城市新進人口的障礙使美國經濟增長總量下降了 36%。高鐵可能會對解決該問題有所幫助。速度 200 英里／時（1 英里大約為 1,609 公里）的高鐵可以將人們與距離他們居住地點 100 英里的工作連接起來，而讓他們不再需要忍受長時間通勤的痛苦。事實證明，這對已建成高鐵的中國城市來說是一個巨大的好處。通過高鐵與大城市連接，天津和蘇州等城市「更接近」北京和上海等特大城市。鑒於美國城市在生產力方面存在巨大差距，而且反對建造大量新住房，快速軌道交通是提供負擔得起的就業機會的可行途徑。想想看，加州聖何塞的房價中值是每平方英尺（1 平方英尺大約為 0.092 9 平方米）631 美元，是 100 英里外的默塞德（Merced）的四倍。如果能在默塞德和聖何塞之間實現高速通勤，人們就可以在他們的經濟能力範圍內同時擁有好的工作和家庭生活。從默塞德到聖何塞的一條短短的高鐵顯然比從舊金山到洛杉磯的線路更便宜，而且這條線路將來總是可以延長的。這將降低成本，同時仍會引發建築熱潮，從而創造新的機會，尤其是對相對低薪的工人而言。在中國，我和我

的同事發現，高鐵使二線城市的學術研究人員更有效率，使他們能更多地接觸在大城市工作的一流研究人員。住在150英里以內的科學家 —— 乘坐飛機旅行太近了，而乘坐老式通勤工具又太遠了 —— 從高速列車上獲得的好處最多。誠然，高鐵的建造成本昂貴，但經濟回報也可能是巨大的。高速列車允許人們在大城市工作和遊玩，而仍然住在他們能負擔得起的地方。

　　面對針對中國高鐵的「肯定論」「懷疑論」，我們應該抱怎樣的態度？事實上，任何事物的發展都有其自身的規律，如果單純地從技術論的觀點或者經濟學的觀點看，這些觀點都有一定的道理。但中國作為一個人口大國，在質與量的問題上，要尋求不同階段的平衡。如果一味追求數量的增加而沒有質量的提升，所獲取的自然是低效率的運轉。對經濟發達地區而言，長期的瓶頸效應會制約經濟的發展。從系統論的角度看，中國高鐵的發展無疑應該從其長期性上看，從其綜合效果上看，從其建設期到運營期的擴展效應看，從其所獲得的技術創新成果上看，從中國高鐵所贏得的世界品牌效果上看。

　　如何對待高鐵發展和高鐵技術，不僅事關人民福祉，也是科技哲學研討的對象。中國高鐵將繼續在爭論中向前發

展，未來的波折還會存在。中國高鐵不是一蹴而就的事物。在中國高鐵發展的歷程中，自身就充滿了這樣那樣的波折。中國高鐵融讚譽與責難於一身：讚揚者認為中國高鐵還要加快建設步伐，認為中國高鐵是難得的集中了中國人的創新智慧與拚搏精神的產物；批評者則認為是「超前消費」，是「灰犀牛」，埋下了中國發展的定時炸彈。正確認識中國高鐵，需要把現實貢獻與長遠貢獻相結合，把短期利益與長期利益放在一起進行分析。高鐵的佈局與創新影響高鐵的當下與未來，高鐵的引進與走出去影響着中國高鐵品牌的鍛造與推廣。無論從哪個角度思考，無論朝哪個方向發展，我們都不能囿於傳統的觀點、片面的認識去考量高鐵這一新生事物。

速度是硬道理

　　體現國家強盛的一個側面就是交通運輸體系的建設。中國在由交通大國向交通強國邁進的道路上，構建了公路、鐵路和航空的立體交通，而高鐵以其速度快、污染少、高安全、舒適便捷的特點贏得了眾多出行者的青睞。中國作為人口大國，幅員遼闊，修建高鐵符合國情和民情。在國家發展之路上，中國高鐵的發展帶來了中國速度，為中國駛入發展快車道打通了路徑。

　　中國有着悠久的農業文明，而工業文明姍姍而至，至今不過百餘年的歷史。曾有人以「李約瑟難題」追問為什麼中國沒有產生近代科學。如果不發展，即使是有着「四大發明」的中國也會被世界發展潮流甩在後面，但改革開放後，更多中國人意識到中國和世界的差距，這種差距是技術的差距、是發展速度上的懸殊對比。

　　痛定思痛，面對世界許多國家的發展優勢，中國要有自己的發展張力，中國要有屬於自己的發展速度。高鐵，之所

以成為中國走向世界的一張名片，就在於無數中國人感受到一個文明古國與當下世界的巨大差距後騰起的趕超精神，正是這種精神，成就了中國高鐵今天這樣一種領跑世界的格局。

中國高鐵穿越時空，在中國版圖上繼續延伸着它的軌跡。如果要總結高鐵精神，速度本身就是一種精神。在創新之路上，中國鐵路人也創造了自己的創新速度。無數中國高鐵建設者在高鐵的建設上傾注着自己的心血。高鐵精神濃縮起來就是：速度、創新與艱辛。

速度是硬道理，速度讓高鐵「飛翔」，速度為中國帶來希望，速度改變了原有的經濟格局，速度也迸發了更多創新者心中的力量。速度讓人們驕傲，也為中國建設者提供了苛刻的考卷，在這張考卷上，中國建設者用創新打破舊規，靠艱辛贏得前進。最終鐵路人獲得的高鐵速度，是技術的結晶，是文化的融合，是團結合作的成果。

追求速度是時代發展的結果。高鐵濃縮了時間，擴大了空間，為人類自身發展提供了更多可能性，也為經濟騰飛注入了能量。勤勞勇敢的中華民族洋溢着創造的情懷，以創新和智慧，以奮鬥不止的拚搏精神，為中國高鐵打造了中國速度，也為世界發展開啟了新的速度模式。這是中國高鐵對人類技術史的貢獻，也是中國高鐵對人類文明史的貢獻。

　　中國高鐵建設者見證了中國速度的誕生，也在建設中國高鐵的過程中獲得了自身的提升。中國高鐵成就了無數工人、技術人員、管理者，中國高鐵精神賦予這些時代建設者更多的創新活力，使他們成為高鐵精神的象徵。

　　我是中國高鐵建設的參與者，更是中國速度的感染者、中國高鐵的受益者，作為一位技術工作者有幸能感受到中國高鐵的發展脈絡。在近 40 年的鐵路工作中，鐵路企業管理十分嚴格的特點除了讓我養成守時的習慣外，還讓我養成了等待的習慣。高鐵以它特有的速度優勢，讓我打破了這種習慣，使我的思想在這個急劇變化的時代產生了嬗變。

　　中國高鐵改變了很多人的認知。舉國體制讓我們把這一超大工程在短短十多年裏變成了現實，速度讓我們改變了對世界的認知，速度讓許多在過去想都不敢想的事情變成了現實。我驚異於這種改變，也在這種改變中調整着自己。

　　高鐵所給予我的感受太多了！在這裏我還要特別感謝北京交通大學原校長寧濱院士。寧濱院士是我國軌道交通數字化、網絡化信號系統的開拓者和領軍者之一，為實現我國地鐵列控系統的自主可控、打造「高鐵名片」和推進「走出去」戰略做出了突出貢獻。作為培養人才的教育工作者，他一直推崇人文精神和科學精神並重。在培養年輕人方面，他經常

強調「讀書不忘憂國」，培養具有「感恩社會，服務他人，勇於擔當，甘於奉獻，自覺肩負起民族復興、國家富強的歷史重任」這種「大情懷」的頂尖人才。寧濱院士生前對本書寄予厚望，從選題策劃到編寫提綱，他都提出了很多中肯的意見和建議。最好的紀念是繼承和發揚，這也是寫作本書的意義所在。在馬不停蹄地採訪和蒐集材料過程中，我得到了鐵科院張波、李博及姜璐，京滬高速鐵路股份有限公司崔喜利，北京交通大學荀徑和曹源，中國傳媒大學「高鐵站房迷」馮琰等專家的幫助和支持。此外，中國中鐵股份有限公司、中國鐵建股份有限公司、中國中車集團有限公司和中國鐵路通信信號股份有限公司的技術人員和羅春曉等同志也給予了我很多支持。在此一併致謝。

　　書中列舉了一些專家的不同意見，意在為評判中國高鐵提供不同的參照，並不代表我的觀點，特此說明。限於本人只有膚淺的鐵路知識和相應的技術工作經歷，對中國高鐵整體的認知與評判還不到位，文中尚有許多不妥之處，期待專家指正。願中國高鐵帶給您美好的享受！

巨龍飛騰：高鐵改變中國

戴榮里　著

責任編輯　黃嗣朝
裝幀設計　譚一清
排　　版　黎　浪
印　　務　劉漢舉

出版　　開明書店
　　　　香港北角英皇道 499 號北角工業大廈一樓 B
　　　　電話：（852）2137 2338　　傳真：（852）2713 8202
　　　　電子郵件：info@chunghwabook.com.hk
　　　　網址：http://www.chunghwabook.com.hk

發行　　香港聯合書刊物流有限公司
　　　　香港新界荃灣德士古道 220-248 號
　　　　荃灣工業中心 16 樓
　　　　電話：（852）2150 2100　　傳真：（852）2407 3062
　　　　電子郵件：info@suplogistics.com.hk

印刷　　美雅印刷製本有限公司
　　　　香港觀塘榮業街 6 號 海濱工業大廈 4 樓 A 室

版次　　2022 年 2 月初版
　　　　© 2022 開明書店

規格　　32 開（210mm×153mm）

ISBN　　978-962-459-247-4